Josef von Eichendorff
Von Wald und Welt

SEVERUS

Josef von Eichendorff: Von Wald und Welt
Hamburg, SEVERUS Verlag 2014

ISBN: 978-3-86347-908-4
Druck: SEVERUS Verlag, Hamburg,2014
Text folgt der Originalausgabe von 1925

Der SEVERUS Verlag ist ein imprint der Diplomica Verlag GmbH.

Bibliografische Information der Deutschen Nationalbibliothek:
Die Deutsche Nationalbibliothek verzeichnet diese Publikation in der Deutschen Nationalbibliografie; detaillierte bibliografische Daten sind im Internet über http://dnb.d-nb.de abrufbar.

© SEVERUS Verlag
http://www.severus-verlag.de, Hamburg 2014
Printed in Germany
Alle Rechte vorbehalten.

Der SEVERUS Verlag übernimmt keine juristische Verantwortung oder irgendeine Haftung für evtl. fehlerhafte Angaben und deren Folgen.

Josef von Eichendorff
Von Wald und Welt

Frische Fahrt

Laue Luft kommt blau geflossen,
Frühling, Frühling soll es sein!
Waldwärts Hörnerklang geschossen,
Mut'ger Augen lichter Schein,
Und das Wirren bunt und bunter
Wird ein magisch wilder Fluß,
In die schöne Welt hinunter
Lockt dich dieses Stromes Gruß.

Und ich mag mich nicht bewahren!
Weit von Euch treibt mich der Wind,
Auf dem Strome will ich fahren,
Von dem Glanze selig blind!
Tausend Stimmen lockend schlagen,
Hoch Aurora flammend weht,
Fahre zu! ich mag nicht fragen,
Wo die Fahrt zu Ende geht!

Allgemeines Wandern

Vom Grund bis zu den Gipfeln,
So weit man sehen kann,
Jetzt blüht's in allen Wipfeln,
Nun geht das Wandern an:

Die Quellen von den Kluften,
Die Ström auf grünem Plan,
Die Lerchen hoch in Lüften,
Der Dichter frisch voran.

Und die im Tal verderben
In trüber Sorgen Haft,
Er möcht sie alle werben
Zu dieser Wanderschaft.

Und von den Bergen nieder
Erschallt sein Lied ins Tal,
Und die zerstreuten Brüder
Faßt Heimweh allzumal.

Da wird die Welt so munter
Und nimmt die Reiseschuh,
Sein Liebchen mittendrunter
Die nickt ihm heimlich zu.

Und über Felsenwände
Und auf dem grünen Plan
Das wirrt und jauchzt ohn Ende –
Nun geht das Wandern an!

Der frohe Wandersmann

Wem Gott will rechte Gunst erweisen,
Den schickt er in die weite Welt;
Dem will er seine Wunder weisen
In Berg und Wald und Strom und Feld.

Die Trägen, die zu Hause liegen,
Erquicket nicht das Morgenrot,
Sie wissen nur von Kinderwiegen,
Von Sorgen, Last und Not um Brot.

Die Bächlein von den Bergen springen,
Die Lerchen schwirren hoch vor Lust,
Was sollt ich nicht mit ihnen singen
Aus voller Kehl und frischer Brust?

Den lieben Gott laß ich nur walten;
Der Bächlein, Lerchen, Wald und Feld
Und Erd und Himmel will erhalten,
Hat auch mein Sach aufs best bestellt!

Zwielicht

Dämmrung will die Flügel spreiten,
Schaurig rühren sich die Bäume,
Wolken zieh'n wie schwere Träume –
Was will dieses Grau'n bedeuten?

Hast ein Reh du lieb vor andern,
Laß es nicht alleine grasen,
Jäger zieh'n im Wald' und blasen,
Stimmen hin und wider wandern.

Hast du einen Freund hienieden,
Trau ihm nicht zu dieser Stunde,
Freundlich wohl mit Aug' und Munde,
Sinnt er Krieg im tück'schen Frieden.

Was heut müde gehet unter,
Hebt sich morgen neu geboren.
Manches bleibt in Nacht verloren –
Hüte dich, bleib' wach und munter!

Nachts

Ich wandre durch die stille Nacht,
Da schleicht der Mond so heimlich sacht
Oft aus der dunklen Wolkenhülle,
Und hin und her im Tal
Erwacht die Nachtigall,
Dann wieder alles grau und stille.

O wunderbarer Nachtgesang:
Von fern im Land der Ströme Gang,
Leis Schauern in den dunklen Bäumen –
Wirrst die Gedanken mir,
Mein irres Singen hier
Ist wie ein Rufen nur aus Träumen.

Aus: Der wandernde Musikant

1.

Wenn die Sonne lieblich schiene
Wie in Welschland lau und blau,
Ging' ich mit der Mandoline
Durch die überglänzte Au.

In der Nacht dann Liebchen lauschte
An dem Fenster süß verwacht,
Wünschte mir und ihr, uns beiden,
Heimlich eine schöne Nacht.

Wenn die Sonne lieblich schiene
Wie in Welschland lau und blau,

Ging' ich mit der Mandoline
Durch die überglänzte Au.

2.

Mürrisch sitzen sie und maulen
Auf den Bänken stumm und breit,
Gähnend strecken sich die Faulen,
Und die Kecken suchen Streit.

Da komm ich durchs Dorf geschritten,
Fernher durch den Abend kühl,
Stell mich in des Kreises Mitten,
Grüß und zieh mein Geigenspiel.

Und wie ich den Bogen schwenke,
Ziehn die Klänge in der Rund
Allen recht durch die Gelenke
Bis zum tiefsten Herzensgrund.

Und nun gehts ans Gläserklingen,
An ein Walzen um und um,
Je mehr ich streich, je mehr sie springen,
Keiner fragt erst lang: warum? –

Jeder will dem Geiger reichen
Nun sein Scherflein auf die Hand –
Da vergeht ihm gleich sein Streichen,
Und fort ist der Musikant.

Und sie sehn ihn fröhlich steigen
Nach den Waldeshöhn hinaus,
Hören ihn von fern noch geigen,
Und gehn all vergnügt nach Haus.

Doch in Waldes grünen Hallen
Rast ich dann noch manche Stund,
Nur die fernen Nachtigallen
Schlagen tief aus nächtgem Grund.

Und es rauscht die Nacht so leise
Durch die Waldeseinsamkeit,
Und ich sinn auf neue Weise,
Die der Menschen Herz erfreut.

3.

Durch Feld und Buchenhallen
Bald singend, bald fröhlich still,
Recht lustig sei vor allen,
Wers Reisen wählen will!
Wenns kaum im Osten glühte,
Die Welt noch still und weit:
Da weht recht durchs Gemüte
Die schöne Blütenzeit!

Die Lerch als Morgenbote
Sich in die Lüfte schwingt,
Eine frische Reisenote
Durch Wald und Herz erklingt.
O Lust, vom Berg zu schauen
Weit über Wald und Strom,
Hoch über sich den blauen
Tiefklaren Himmelsdom!

Vom Berge Vöglein fliegen
Und Wolken so geschwind,
Gedanken überfliegen
Die Vögel und den Wind.
Die Wolken ziehn hernieder,

Das Vöglein senkt sich gleich,
Gedanken gehn und Lieder
Fort bis ins Himmelreich.

Die Zigeunerin

Am Kreuzweg, da lausche ich, wenn die Stern
Und die Feuer im Walde verglommen,
Und wo der erste Hund bellt von fern.
Da wird mein Bräut'gam herkommen.

„Und als der Tag graut', durch das Gehölz
Sah ich eine Katze sich schlingen,
Ich schoß ihr auf den nußbraunen Pelz,
Wie tat die weitüber springen!" –

's ist schad nur ums Pelzlein, du kriegst mich nit!
Mein Schatz muß sein wie die andern:
Braun und ein Stutzbart auf ung'rischen Schnitt
Und ein fröhliches Herze zum Wandern.

Der Soldat

1.

Ist auch schmuck nicht mein Rößlein,
So ist's doch recht klug,
Trägt im Finstern zu 'nem Schlößlein
Mich rasch noch genug.

Ist das Schloß auch nicht prächtig:
Zum Garten aus der Tür

Tritt ein Mädchen doch allnächtig
Dort freundlich herfür.

Und ist auch die Kleine
Nicht die Schönst auf der Welt,
So gibt's doch just keine,
Die mir besser gefällt.

Und spricht sie vom Freien:
So schwing ich mich auf mein Roß –
Ich bleibe im Freien,
Und sie auf dem Schloß.

2.

Wagen mußt du und flüchtig erbeuten,
Hinter uns schon durch die Nacht hör ich's schreiten,
Schwing auf mein Roß dich nur schnell
Und küß noch im Flug mich, wildschönes Kind,
Geschwind,
Denn der Tod ist ein rascher Gesell.

Dyrander mit der Komödiantenbande

Mich brennt´s an meinen Reiseschuh´n,
Fort mit der Zeit zu schreiten –
Was wollen wir agieren nun
Vor so viel klugen Leuten?

Es hebt das Dach sich von dem Haus
Und die Kulissen rühren
Und strecken sich zum Himmel raus,
Strom, Wälder musizieren!

Und aus den Wolken langt es sacht,
Stellt alles durcheinander,
Wie sich's kein Autor hat gedacht:
Volk, Fürsten und Dryander.

Da gehn die einen müde fort,
Die andern nah'n behende,
Das alte Stück, man spielt's so fort
Und kriegt es nie zu Ende.

Und keiner kennt den letzten Akt
Von allen, die da spielen,
Nur der da droben schlägt den Takt,
Weiß, wo das hin will zielen.

Die Spielleute

Frühmorgens durch die Klüfte
Wir blasen Vittoria!
Eine Lerche fährt in die Lüfte:
„Die Spielleut sind schon da!"
Da dehnt ein Turm und reckt sich
Verschlafen im Morgengrau,
wie aus dem Träume streckt sich
der Strom durch die stille Au,
und ihre Äuglein balde
tun auf die Bächlein all
im Wald, im grünen Walde,
das ist ein lustger Schall!

Das ist ein lustges Reisen,
der Eichbaum kuhl und frisch,

mit Schatten wir wir speisen,
deckt uns den grünen Tisch.
Zum Frühstück musizieren
Die munteren Vöglein,
der Wald, wenn sie pausieren,
stimmt wunderbar mit ein
die Wipfel tut er neigen,
als gesegnet er uns das Mahl,
und zeigt uns zwischen den Zweigen
tief unten das weite Tal.

Tusch

Fängt die Sonne an zu stechen,
Tapfer schießen Gras und Kräuter
Und die Bäume schlagen aus:
Muß des Feinds Gewalt zerbrechen,
Nimmt der Winter schnell Reißaus,
Erd und Himmel glänzen heiter;
Und wir Musikanten fahren
Lustig auf dem Fluß hinunter,
Trommeln, pfeifen, blasen, geigen,
Und die Hörner klingen munter.

Auf einer Burg

Über Bergen, Fluß und Talen,
Stiller Lust und tiefen Qualen
Webet heimlich, schillert, Strahlen!
Sinnend ruht des Tags Gewühle

In der dunkelblauen Schwüle,
Und die ewigen Gefühle,
Was dir selber unbewußt,
Treten heimlich, groß und leise
Aus der Wirrung fester Gleise,
Aus der unbewachten Brust,
In die stillen, weiten Kreise.

Sehnsucht

Es schienen so golden die Sterne,
Am Fenster ich einsam stand
Und hörte aus weiter Ferne
Ein Posthorn im stillen Land.
Das Herz mir im Leib entbrennte,
Da hab' ich mir heimlich gedacht:
Ach wer da mitreisen könnte
In der prächtigen Sommernacht!
Zwei junge Gesellen gingen
Vorüber am Bergeshang,
Ich hörte im Wandern sie singen
Die stille Gegend entlang:
Von schwindelnden Felsenschlüften,
Wo die Wälder rauschen so sacht,
Von Quellen, die von den Klüften
Sich stürzen in die Waldesnacht.
Sie sangen von Marmorbildern,
Von Gärten, die über'm Gestein
In dämmernden Lauben verwildern,
Palästen im Mondenschein,
Wo die Mädchen am Fenster lauschen,
Wann der Lauten Klang erwacht,

Und die Brunnen verschlafen rauschen
In der prächtigen Sommernacht. –

Mittagsruh

Über Bergen, Fluß und Talen,
Stiller Lust und tiefen Qualen
Webet heimlich, schillert, Strahlen!
Sinnend ruht des Tags Gewühle
In der dunkelblauen Schwüle,
Und die ewigen Gefühle,
Was dir selber unbewußt,
Treten heimlich, groß und leise
Aus der Wirrung fester Gleise,
Aus der unbewachten Brust,
In die stillen, weiten Kreise.

Der Abend

Schweigt der Menschen laute Lust:
Rauscht die Erde wie in Träumen
Wunderbar mit allen Bäumen,
Was dem Herzen kaum bewusst,
Alte Zeiten, linde Trauer,
Und es schweifen leise Schauer
Wetterleuchtend durch die Brust.

Der Bettler

Stände noch das Feld im Flore
Wie in warmer Sommerzeit,

ging ich aus dem dunklen Tore
in die Waldeseinsamkeit.

Legt im tiefsten Wald mich nieder,
wo der Vöglein Nachtquartier,
und es sängen ihre Lieder
Nachtigallen über mir.

Doch verschneiet Markt und Gassen
Nun der böse Winter hat,
und ich wandre arm, verlassen,
durch die fremde stille Stadt.

Späte Gäste gleich Gespenstern
Schlüpfen da und dort ins Haus,
und der Nachtwind an den Fenstern
löscht die letzten Lampen aus.

Nur aus einem noch sprüht Glänzen
Weithin in den bleichen Schnee,
spielen auf dadrinn zu Tänzen,
klingt hier draußen fast wie Weh.

Und im mitternächtigen Sturme,
der am Himmel brausend zieht,
singt das Glockenspiel vom Turme
über mir ein frommes Lied.

An dem Kirchhof die Kapelle
Ladet mich zur müden Ruh,
Lege stumm mich auf die Schwelle,
Und die Nacht, sie deckt mich zu.

Wolle Gott die Stadt bewahren,
mild beüten Hof und Haus, –
die da tanzen, die da fahren,
hier doch ruhen alle aus!

Täuschung

Ich ruhte aus vom Wandern,
Der Mond ging eben auf,
Da sah ich fern im Lande
Der alten Tiber Lauf,
Im Walde lagen Trümmer,
Paläste auf stillen Höhn
Und Gärten im Mondesschimmer –
O Welschland, wie bist du schön!

Und als die Nacht vergangen,
Die Erde blitzte so weit,
Einen Hirten sah ich hangen
Am Fels in der Einsamkeit.
Den fragt ich ganz geblendet:
"Komm ich nach Rom noch heut?"
Er dehnt' sich halbgewendet:
"Ihr seid nicht recht gescheut!"
Eine Winzerin lacht' herüber,
Man sah sie vor Weinlaub kaum,
Mir aber ging's Herze über –
Es war ja alles nur Traum.

Schöne Fremde

Es rauschen die Wipfel und schauern,
Als machten zu dieser Stund
Um die halbversunknen Mauern
Die alten Götter die Rund.

Hier hinter den Myrtenbäumen
In heimlich dämmernder Pracht,
Was sprichst du wirr wie in Träumen
Zu mir, phantastische Nacht?

Es funkeln auf mich alle Sterne
Mit glühendem Liebesblick,
Es redet trunken die Ferne
Wie von künftigem, großem Glück! –

Liebe in der Fremde

Jeder nennet froh die Seine,
Ich nur stehe hier alleine,
Denn was früge wohl die Eine:
Wen der Fremdling eben meine?
Und so muß ich, wie im Strome dort die Welle,
Ungehört verrauschen an des Frühlings Schwelle.

2.

Wie kühl schweift sichs bei nächtger Stunde,
Die Zither treulich in der Hand!
Vom Hügel grüß ich in die Runde
Den Himmel und das stille Land.

Wie ist da alles so verwandelt,
Wo ich so fröhlich war, im Tal.
Im Wald wie still! Der Mond nur wandelt
Nun durch den hohen Buchensaal.

Der Winzer Jauchzen ist verklungen
Und all der bunte Lebenslauf,
Die Ströme nur, im Tal geschlungen,
Sie blicken manchmal silbern auf.

Und Nachtigallen wie aus Träumen
Erwachen oft mit süßem Schall,
Erinnernd rührt sich in den Bäumen
Ein heimlich Flüstern überall.

Die Freude kann nicht gleich verklingen,
Und von des Tages Glanz und Lust
Ist so auch mir ein heimlich Singen
Geblieben in der tiefsten Brust.

Und fröhlich greif ich in die Saiten,
O Mädchen, jenseits überm Fluß,
Du lauschest wohl und hörst vom weiten
Und kennst den Sänger an dem Gruß!

3.

Über die beglänzten Gipfel
Fernher kommt es wie ein Grüßen,
Flüsternd neigen sich die Wipfel,
Als ob sie sich wollten küssen.

Ist er doch so schön und milde!
Stimmen gehen durch die Nacht,

Singen heimlich von dem Bilde –
Ach, ich bin so froh verwacht!

Plaudert nicht so laut, ihr Quellen!
Wissen darf es nicht der Morgen!
In der Mondnacht linde Wellen
Senk ich still mein Glück und Sorgen. –

4.

Jetzt wandr' ich erst gern!
Am Fenster nun lauschen
Die Mädchen, es rauschen
Die Brunnen von fern.

Aus schimmernden Büschen
Ihr Plaudern, so lieb,
Erkenn ich dazwischen,
Ich hörc mein Lieb!

Kind, hüt dich! Bei Nacht
Pflegt Amor zu wandern,
Ruft leise die andern,
Da schreiten erwacht

Die Götter zur Halle
Ins Freie hinaus,
Es bringt sie dir alle
Der Dichter ins Haus.

Lustige Musikanten

Der Wald, der Wald! daß Gott ihn grün erhalt,
Gibt gut Quartier und nimmt doch nichts dafür.

Zum grünen Wald wir Herberg halten,
Denn Hoffart ist nicht unser Ziel,
Im Wirtshaus, wo wir nicht bezahlten,
Es war der Ehre gar zu viel.
Der Wirt, er wollt uns gar nicht lassen,
Sie ließen Kann und Kartenspiel,
Die ganze Stadt war in den Gassen,
Und von den Bänken mit Gebraus
Stürzt' die Schule heraus,
Wuchs der Haufe von Haus zu Haus,
Schwenkt' die Mützen und jubelt' und wogt',
Der Hatschier, die Stadtwacht, der Bettelvogt,
Wie wenn ein Prinz zieht auf die Freit,
Gab alles, alles uns fürstlich Geleit,
Wir aber schlugen den Markt hinab
Uns durch die Leut mit dem Wanderstab,
Und hoch mit dem Tamburin, daß es schallt',–
Zum Wald, zum Wald, zum schönen, grünen Wald!

Und da nun alle schlafen gingen,
Der Wald steckt' seine Irrlicht' an,
Die Frösche tapfer Ständchen bringen,
Die Fledermaus schwirrt leis voran,
Und in dem Fluß auf feuchtem Steine
Gähnt laut der alte Wassermann,
Strählt sich den Bart im Mondenscheine,
Und fragt ein Irrlicht, wer wir sind?

Das aber duckt sich geschwind;
Denn über ihn weg im Wind
Durch die Wipfel der wilde Jäger geht,
Und auf dem alten Turm sich dreht
Und kräht der Wetterhahn uns nach:
Ob wir nicht einkehrn unter sein Dach?
O Gockel, verfallen ist ja dein Haus,
Es sieht die Eule zum Fenster heraus,
Und aus allen Toren rauschet der Wald.

Der Wald, der Wald, der schöne, grüne Wald!

Und wenn wir müd einst, sehn wir blinken
Eine goldne Stadt still überm Land,
Am Tor Sankt Peter schon tut winken:
»Nur hier herein, Herr Musikant!«
Die Engel von den Zinnen fragen,
Und wie sie uns erst recht erkannt,
Sie gleich die silbernen Pauken schlagen,
Sankt Peter selbst die Becken schwenkt,
Und voll Geigen hängt
Der Himmel, Cäcilia an zu streichen fängt,
Dazwischen Hoch vivat! daß es prasselt und pufft,
Werfen die andern vom Wall in die Luft
Sternschnuppen, Kometen,
Gar prächtge Raketen,
Versengen Sankt Peter den Bart, daß er lacht,
Und wir ziehen heim, schöner Wald, gute Nacht!

Wandersprüche

Es geht wohl anders, als du meinst:
Derweil du rot und fröhlich scheinst,
Ist Lenz und Sonnenschein verflogen,
Die liebe Gegend schwarz umzogen;

Und kaum hast du dich ausgeweint,
Lacht alles wieder, die Sonne scheint –
Es geht wohl anders, als man meint.

Der Wandrer, von der Heimat weit,
Wenn rings die Gründe schweigen,
Der Schiffer in Meereseinsamkeit,
Wenn die Stern aus den Fluten steigen:

Die beiden schauern und lesen
In stiller Nacht,
Was sie nicht gedacht,
Da es noch fröhlicher Tag gewesen.

Wandernder Dichter

Ich weiß nicht, was das sagen will!
Kaum tret ich von der Schwelle still,
Gleich schwingt sich eine Lerche auf
Und jubiliert durchs Blau vorauf.

Das Gras ringsum, die Blumen gar
Stehn mit Juwelen und Perln im Haar,
Die schlanken Pappeln, Busch und Saat
Verneigen sich im größten Staat.

Als Bot voraus das Bächlein eilt,
Und wo der Wind die Wipfel teilt,
Die Au verstohlen nach mir schaut,
Als wär sie meine liebe Braut.

Ja, komm ich müd ins Nachtquartier,
Die Nachtigall noch vor der Tür
Mir Ständchen bringt, Glühwürmchen bald
Illuminieren rings den Wald.

Umsonst! das ist nun einmal so,
Kein Dichter reist inkognito,
Der lust'ge Frühling merkt es gleich,
Wer König ist in seinem Reich.

Heimweh

Wer in die Fremde will wandern,
Der muß mit der Liebsten gehn,
Es jubeln und lassen die andern
Den Fremden alleine stehn.

Was wisset ihr, dunkele Wipfel,
Von der alten, schönen Zeit?
Ach, die Heimat hinter den Gipfeln,
Wie liegt sie von hier so weit!

Am liebsten betracht ich die Sterne,
Die schienen, wie ich ging zu ihr,
Die Nachtigall hör ich so gerne,
Sie sang vor der Liebsten Tür.

Der Morgen, das ist meine Freude!
Da steig ich in stiller Stund
Auf den höchsten Berg in die Weite,
Grüß dich, Deutschland, aus Herzensgrund!

An der Grenze

Die treuen Berg stehn auf der Wacht:
„Wer streicht bei stiller Morgenzeit
Da aus der Fremde durch die Heid?" –
Ich aber mir die Berg betracht
Und lach in mich vor großer Lust,
Und rufe recht aus frischer Brust
Parol und Feldgeschrei sogleich:
Vivat Östreich!
Da kennt mich erst die ganze Rund,
Nun grüßen Bach und Vöglein zart
Und Wälder rings nach Landesart,
Die Donau blitzt aus tiefem Grund,
Der Stephansturm auch ganz von fern
Guckt übern Berg und säh mich gern,
Und ist ers nicht, so kommt er doch gleich,
Vivat Östreich!

Wanderslied der Prager Studenten

Nach Süden nun sich lenken
Die Vöglein allzumal,
Viel Wandrer lustig schwenken
Die Hüt im Morgenstrahl.
Das sind die Herrn Studenten,

Zum Tor hinaus es geht,
Auf ihren Instrumenten
Sie blasen zum Valet:
Ade in die Läng und Breite
O Prag, wir ziehn in die Weite:
Et habeat bonam pacem,
Qui sedet post fornacem!

Nachts wir durchs Städtlein schweifen,
Die Fenster schimmern weit,
Am Fenster drehn und schleifen
Viel schön geputzte Leut.
Wir blasen vor den Türen
Und haben Durst genung,
Das kommt vom Musizieren,
Herr Wirt, einen frischen Trunk!
Und siehe über ein kleines
Mit einer Kanne Weines
Venit ex sua domo –
Beatus ille homo!

Nun weht schon durch die Wälder
Der kalte Boreas,
Wir streichen durch die Felder,
Von Schnee und Regen naß,
Der Mantel fliegt im Winde,
Zerrissen sind die Schuh,
Da blasen wir geschwinde
Und singen noch dazu:
Beatus ille homo
Qui sedet in sua domo
Et sedet post fornacem
Et habet bonam pacem!

27

Heimkehr

Wer steht hier draußen? – Macht auf geschwind!
Schon funkelt das Feld wie geschliffen,
es ist der lustige Morgenwind,
der kommt durch den Wald gepfiffen.

Ein Wandervöglein, die Wolfen und ich,
wir reisten um die Wette,
und jedes dacht: Nun spute dich,
wir treffen sie noch im Bette!

Das sind wir nun, jetzt alle heraus,
die drin noch Küsse tauschen!
Wir brechen sonst mit der Tür ins Haus:
Klang, Duft und Waldesrauschen.

Ich komme aus Italien fern
Und will euch alles berichten,
vom Berg Vesuv und Romas Stern
die alten Wundergeschichten.

Da singt eine Fei auf blauem Meer,
die Myrten trunken lauschen –
mir aber gefällt doch nichts so sehr,
als das deutsche Waldesrauschen!

Zur Hochzeit

Was das für ein Gezwitscher ist!
Durchs Blau die Schwalben zucken

Und schrein: „Sie haben sich geküßt!"
Vom Baum Rotkehlchen gucken.

Der Storch stolziert von Bein zu Bein;
„Da muß ich fischen gehen –"
Der Abend wie im Traum darein
Schaut von den stillen Höhen.

Und wie im Traume von den Höhen
Seh ich nachts meiner Liebsten Haus,
Die Wolken darüber gehen
Und löschen die Sterne aus.

Der irre Spielmann

Aus stiller Kindheit unschuldiger Hut
Trieb mich der tolle, frevelnde Mut.
Seit ich da draußen so frei nun bin,
Find ich nicht wieder nach Hause mich hin.

Durchs Leben jag ich manch trügrisch Bild,
Wer ist der Jäger da? wer ist das Wild?
Es pfeift der Wind mir schneidend durchs Haar,
Ach Welt, wie bist du so kalt und klar!

Du frommes Kindlein im stillen Haus,
Schau nicht so lüstern zum Fenster hinaus!
Frag mich nicht, Kindlein, woher und wohin?
Weiß ich doch selber nicht, wo ich bin!

Von Sünde und Reue zerrissen die Brust,
Wie rasend in verzweifelter Lust,

Brech ich im Fluge mir Blumen zum Strauß,
Wird doch kein fröhlicher Kranz daraus! –

Ich möcht in den tiefsten Wald wohl hinein,
Recht aus der Brust den Jammer zu schrein,
Ich möchte reiten ans Ende der Welt,
Wo der Mond und die Sonne hinunterfällt.

Wo schwindelnd beginnt die Ewigkeit,
Wie ein Meer, so erschrecklich still und weit,
Da sinken all Ström und Segel hinein,
Da wird es wohl endlich auch ruhig sein.

Letzte Heimkehr

Der Wintermorgen glänzt so klar,
Ein Wandrer kommt von ferne,
Ihn schüttelt Frost, es starrt sein Haar,
Ihm log die schöne Ferne,
Nun endlich will er rasten hier,
Er klopft an seines Vaters Tür.

Doch tot sind, die sonst aufgetan,
Verwandelt Hof und Habe,
Und fremde Leute sehn ihn an,
Als käm er aus dem Grabe;
Ihn schauert tief im Herzensgrund,
Ins Feld eilt er zur selben Stund.

Da sang kein Vöglein weit und breit,
Er lehnt' an einem Baume,
Der schöne Garten lag verschneit,

Es war ihm wie im Traume,
Und wie die Morgenglocke klingt,
Im stillen Feld er niedersinkt.

Und als er aufsteht vom Gebet,
Nicht weiß, wohin sich wenden,
Ein schöner Jüngling bei ihm steht,
Faßt mild ihn bei den Händen:
„Komm mit, sollst ruhn nach kurzem Gang." –
Er folgt, ihn rührt der Stimme Klang.

Nun durch die Bergeseinsamkeit
Sie wie zum Himmel steigen,
Kein Glockenklang mehr reicht so weit,
Sie sehn im öden Schweigen
Die Länder hinter sich verblühn,
Schon Sterne durch die Wipfel glühn.

Der Führer jetzt die Fackel sacht
Erhebt und schweigend schreitet,
Bei ihrem Schein die stille Nacht
Gleichwie ein Dom sich weitet,
Wo unsichtbare Hände baun –
Den Wandrer faßt ein heimlich Graun.

Er sprach: Was bringt der Wind herauf
So fremden Laut getragen,
Als hört ich ferner Ströme Lauf,
Dazwischen Glocken schlagen?
„Das ist des Nachtgesanges Wehn,
Sie loben Gott in stillen Höhn."

Der Wandrer drauf: Ich kann nicht mehr –
Ists Morgen, der so blendet?
Was leuchten dort für Länder her? –
Sein Freund die Fackel wendet:
„Nun ruh zum letzten Male aus,
Wenn du erwachst, sind wir zu Haus."

Hippogryph

Das ist das Flügelpferd mit Silberschellen,
Das heitere Gesellen
Emporhebt über Heidekraut und Klüfte,
Daß durch den Strom der Lüfte,
Die um den Reisehut melodisch pfeifen,
Des Ernsts Gewalt und Totenlärm der Schlüfte
Als Frühlingsjauchzen nur die Brust mag streifen;
Und so im Flug belauschen
Des trunknen Liedergottes rüst'ge Söhne,
Wenn alle Höhn und Täler blühn und rauschen,
Im Morgenbad des Lebens ew'ge Schöne,
Die, in dem Glanz erschrocken,
Sie glühend anblickt aus den dunklen Locken.

Die zwei Gesellen

Es zogen zwei rüst'ge Gesellen
Zum erstenmal von Haus,
So jubelnd recht in die hellen,
Klingenden, singenden Wellen
Des vollen Frühlings hinaus.

Die strebten nach hohen Dingen,
Die wollten, trotz Lust und Schmerz,
Was Rechts in der Welt vollbringen,
Und wem sie vorübergingen,
Dem lachten Sinnen und Herz. –

Der erste, der fand ein Liebchen,
Die Schwieger kauft' Hof und Haus;
Der wiegte gar bald ein Bübchen,
Und sah aus heimlichem Stübchen
Behaglich ins Feld hinaus.

Dem zweiten sangen und logen
Die tausend Stimmen im Grund,
Verlockend' Sirenen, und zogen
Ihn in der buhlenden Wogen
Farbig klingenden Schlund.

Und wie er auftaucht' vom Schlunde,
Da war er müde und alt,
Sein Schifflein das lag im Grunde,
So still war's rings in die Runde,
Und über die Wasser weht's kalt.

Es singen und klingen die Wellen
Des Frühlings wohl über mir;
Und seh ich so kecke Gesellen,
Die Tränen im Auge mir schwellen –
Ach Gott, führ uns liebreich zu dir!

Spruch

Drüben von dem selgen Lande,
Kommt ein seltsam Grüßen her,
Warum zagst du noch am Strande?
Graut dir, weil im falschen Meer
Draußen auf verlornem Schiffe
Mancher frische Segler sinkt,
Und vom halbversunknen Riffe
Meerfrei nachts verwirrend singt?
Wagst dus nicht draufhhin zu stranden,
Wirst du nimmer drüben landen!

Dichterfrühling

Wenn die Bäume lieblich rauschen,
An den Bergen, an den Seen,
Die im Sonnenscheine stehen,
Warme Regen niederrauschen,
Mag ich gern begeistert lauschen.
Denn um die erfrischten Hügel
Auf und nieder sich bewegen
Fühl' ich Winde, Gottes Flügel,
Und mir selber wachsen Flügel,
Atm' ich still den neuen Segen.

Wie der Kranke von der Schwelle
Endlich wieder in die warme
Luft hinausstreckt Brust und Arme,
Und es spült des Lebens Welle
Fort die Glieder in das Helle:
Also kommt ein neues Leben

Oft auf mich herab vom Himmel,
Und ich seh vor mir mein Streben
Licht und unvergänglich schweben
Durch des Lebens bunt Gewimmel.

Will erquickt nun alles prangen,
Irrt der Dichter durch die Schatten,
Durch die blumenreichen Matten,
Denkt der Zeiten, die vergangen,
Ferner Freunde voll Verlangen,
Und es weben sich die Träume
Wie von selbst zum Werk der Musen,
Und rings Berge, Blumen, Bäume
Wachsen in die heitern Räume
Nach der Melodie im Busen.

Die Heimat

Denkst du des Schlosses noch auf stiller Höh?
Das Horn lockt nächtlich dort, als ob's dich riefe
Im Abgrund grast das Reh,
Es rauscht der Wald verwirrend aus der Tiefe –
O stille, wecke mich nicht, es war als schliefe
Da drunten ein unnennbar Weh.

Kennst du den Garten? - Wenn sich Lenz erneut,
Geht dort ein Mädchen auf den kühlen Gängen
Still durch die Einsamkeit,
Und weckt den leisen Strom von Zauberklängen,
Als ob die Blumen und die Bäume sängen
Rings von der alten schönen Zeit.

Ihr Wipfel und ihr Bronnen, rauscht nur zu!
Wohin du auch in wilder Lust magst dringen,
Du findest nirgends Ruh,
Erreichen wird dich das geheime Singen, –
Ach, dieses Bannes zauberisches Ringen
Entfliehen wir nimmer, ich und du!

Spruch

Hast du doch Flügel eben
Und das gewaltge Wort;
Halt hoch dich über dem Leben,
sonst geht's über dich fort.

Terzett

HIRT

Wenn sich der Sommermorgen still erhebt,
Kein Wölkchen in den blauen Lüften schwebt,
Mit Wonneschauern naht das Licht der Welt,
Daß sich die Ährenfelder leise neigen,
Da sink ich auf die Knie im stillen Feld,
Und bete, wenn noch alle Stimmen schweigen.

JÄGER

Doch keiner atmet so den Strom von Lüften,
Als wie der Jäger in den grünen Klüften!
Wo euch der Atem schwindelnd schon vergangen,
Hat seine rechte Lust erst angefangen,

Wenn tief das Tal auffunkelt durch die Bäume,
Der Aar sich aufschwingt in die klaren Räume.

Hirt

Und sinkt der Mittag müde auf die Matten,
Rast ich am Bächlein in den kühlsten Schatten,
Ein leises Flüstern geht in allen Bäumen,
Das Bächlein plaudert wirre wie in Träumen,
Die Erde säuselt kaum, als ob sie schliefe,
Und mit den Wolken in den stillen Räumen
Schiff ich still fort zur unbekannten Tiefe.

Jäger

Und wenn die Tiefe schwül und träumend ruht,
Steh ich am Berg wie auf des Landes Hut,
Seh fern am Horizont die Wetter steigen,
Und durch die Wipfel, die sich leise neigen,
Rauscht droben schwellend ein gewaltig Lied,
Das ewig frisch mir durch die Seele zieht.

Hirt

Es blitzt von fern, die Heimchen Ständchen bringen,
Und unter Blüten, die im Wind sich rühren,
Die Mädchen plaudernd sitzen vor den Türen;
Da laß ich meine Flöte drein erklingen,
Daß ringsum durch die laue Sommernacht
In Fels und Brust der Widerhall erwacht.

Jäger

Doch wenn die Täler unten längst schon dunkeln,
Seh ich vom Berge noch die Sonne funkeln

Der Adler stürzt sich jauchzend in die Gluten,
Es bricht der Strom mit feuertrunknen Fluten
Durchs enge Steingeklüft, wie er sich rette
Zum ew'gen Meer – ach, wer da Flügel hätte!

Mädchen

Wenn von den Auen
Die Flöte singt
Aus Waldesrauschen
Das Horn erklingt,
Da steh ich sinnend,
Im Morgenlicht –
Wem ich soll folgen,
Ich weiß es nicht.

Doch kehrt ihr beide
im letzten Strahl
Der Sonne wieder
Zurück ins Tal,
Schaut mir so freudig
Ins Angesicht:
Da weiß ich plötzlich –
Doch sag ichs nicht.

Morgenlied

Ein Stern still nach dem andern fällt
Tief in des Himmels Kluft,
Schon zucken Strahlen durch die Welt,
Ich wittre Morgenluft.

In Qualmen steigt und sinkt das Tal;
Verödet noch vom Fest,
Liegt still der weite Freudensaal,
Und todt noch alle Gäst.

Da hebt die Sonne aus dem Meer
Eratmend ihren Lauf:
Zur Erde geht, was feucht und schwer,
Was klar, zu ihr hinauf.

Hebt grüner Wälder Trieb und Macht
Neurauschend in die Luft,
Zieht hinten Städte, eitel Pracht,
Blau' Berge durch den Duft.

Spannt aus die grünen Teppche weich,
Von Strömen hell durchrankt.
Und schallend glänzt das frische Reich,
Soweit das Auge langt.

Und nun geht's an ein Fleißigseyn!
Umsumsend Berg und Tal,
Agiret lustig Groß und Klein
Den Plunder allzumal.

Die Sonne steiget einsam auf,
Ernst über Lust und Weh
Lenkt sie den ungestörten Lauf,
Zu stiller Glorie. –

Und wie er dehnt die Flügel aus,
Und wie er auch sich stellt:
Der Mensch kann nimmermehr hinaus
Aus dieser Narrenwelt.

39

Der Isegrim

Aktenstöße nachts verschlingen,
Schwatzen nach der Welt Gebrauch,
Und das große Tretrad schwingen
Wie ein Ochs, das kann ich auch.

Aber glauben, daß der Plunder
Eben nicht der Plunder wär,
Sondern ein hochwichtig Wunder,
Das gelang mir nimmermehr.

Aber andre überwitzen,
Daß ich mit dem Federkiel
Könnt den morschen Weltbau stützen,
Schien mir immer Narrenspiel.

Und so, weil ich in dem Drehen
Da steh oft wie ein Pasquill,
Läßt die Welt mich eben stehen –
Mag sies halten, wie sie will!

Trinken und Singen

Viel Essen macht viel breiter
Und hilft zum Himmel nicht,
Es kracht die Himmelsleiter,
Kommt so ein schwerer Wicht.
Das Trinken ist gescheiter,
Das schmeckt schon nach Idee,
Da braucht man keine Leiter,
Das geht gleich in die Höh.

CHOR

Da braucht man keine Leiter,
Das geht gleich in die Höh.
Viel Reden ist manierlich:
"Wohlauf?" – Ein wenig flau. –
"Das Wetter ist spazierlich."
Was macht die liebe Frau? –
"Ich danke" – und so weiter,
Und breiter als ein See
Das Singen ist gescheiter,
Das geht gleich in die Höh.

CHOR

Das Singen ist gescheiter,
Das geht gleich in die Höh.
Die Fisch und Musikanten
Die trinken beide frisch,
Die Wein, die andern Wasser –
Drum hat der dumme Fisch
Statt Flügel Flederwische
Und liegt elend im See –
Doch wir sind keine Fische,
Das geht gleich in die Höh.

CHOR

Doch wir sind keine Fische,
Das geht gleich in die Höh.
Ja, Trinken frisch und Singen
Das bricht durch alles Weh,
Das sind zwei gute Schwingen,

Gemeine Welt, ade!
Du Erd mit deinem Plunder,
Ihr Fische samt der See,
's geht alles, alles unter,
Wir aber in die Höh!

Chor

's geht alles, alles unter,
Wir aber in die Höh!

Der alte Held

„Ich habe gewagt und gesungen,
Da die Welt noch stumm lag und bleich,
Ich habe den Bann bezwungen,
Der die schöne Braut hielt umschlungen
Ich habe erobert das Reich.

Ich habe geforscht und ergründet
Und tat es euch treulich kund:
Was das Leben dunkel verkündet,
Die Heilige Schrift, die entzündet
Der Herr in der Seelen Grund.

Wie rauschen nun Wälder und Quellen
Und singen vom ewigen Port:
Schon seh ich Morgenrot schwellen,
Und ihr dort, ihr jungen Gesellen,
Fahrt immer immerfort!"

Und so, wenn es still geworden,
Schaut er vom Turm bei Nacht

Und segnet den Sängerorden,
Der an den blühenden Borden
Das schöne Reich bewacht.

Dort hat er nach Lust und Streiten
Das Panner aufgestellt,
Und die auf dem Strome der Zeiten
Am Felsen vorübergleiten,
Sie grüßen den alten Held.

Toast

Auf das Wohlsein der Poeten,
Die nicht schillern und nicht goethen,
Durch die Welt in Luft und Nöten
Segelnd frisch auf eignen Böten.

Lockung

Hörst du nicht die Bäume rauschen
Draußen durch die stille Rund?
Lockt's dich nicht, hinabzulauschen
Von dem Söller in den Grund,
Wo die vielen Bäche gehen
Wunderbar im Mondenschein
Und die stillen Schlösser sehen
In den Floß vom hohen Stein?

Kennst du noch die irren Lieder
Aus der alten, schönen Zeit?

Sie erwachen alle wieder
Nachts in Waldeseinsamkeit,
Wenn die Bäume träumend lauschen
Und der Flieder duftet schwül
Und im Fluß die Nixen rauschen –
Komm herab, hier ist's so kühl.

Zweifel

Könnt es jemals denn verblühen,
Dieses Glänzen, dieses Licht,
Das durch Arbeit, Sorgen, Mühen
Wie der Tag durch Wolken bricht,
Blumen, die so farbig glühen,
Um das öde Leben flicht?

Golden sind des Himmels Säume,
Abwärts ziehen Furcht und Nacht,
Rüstig rauschen Ström und Bäume
Und die heitre Runde lacht,
Ach, das sind nicht leere Träume,
Was im Busen da erwacht!

Bunt verschlingen sich die Gänge,
Tost die Menge her und hin,
Schallen zwischendrein Gesänge,
Die durchs Ganze golden ziehn,
Still begegnet im Gedränge
Dir des Lebens ernster Sinn.

Und das Herz denkt sich verloren,
Besser andrer Tun und Wust,

Fühlt sich wieder dann erkoren,
Ewig einsam doch die Brust.
O des Wechsels, o des Toren,
O der Schmerzen, o der Lust!

Nachts

Ich stehe in Waldesschatten
wie an des Lebens Rand,
die Länder wie dämmernde Matten,
der Strom wie ein silbern Band.

Von fern nur schlagen die Glocken
über die Wälder herein,
ein Reh hebt den Kopf erschrocken
und schlummert gleich wieder ein.

Der Wald aber rühret die Wipfel
im Traum von der Felsenwand.
Denn der Herr geht über die Gipfel
und segnet das stille Land.

Vorwärts!

Wie der Strom sich schwingt
Aus den Wolken, die ihn tränken,
Alle Bäche verschlingt,
Sie ins Meer zu lenken –
Drein möcht ich versenken
Was in mir ringt!

Tritt nur mit in mein Schiff!
Wo wir landen oder stranden,
Erklinget das Riff,
Bricht der Lenz aus dem Sande,
Hinter uns dann ins Branden
versenk ich das Schiff!

Todeslust

Bevor er in die blaue Flut gesunken,
Träumt noch der Schwan und singet todestrunken;
Die sommermüde Erde im Verblühen
Läßt all ihr Feuer in den Trauben glühen;
Die Sonne, Funken sprühend, im Versinken,
Gibt noch einmal der Erde Glut zu trinken,
Bis, Stern auf Stern, die Trunkne zu umfangen,
Die wunderbare Nacht ist aufgegangen.

Der Glücksritter

Wenn Fortuna spröde tut,
Laß ich sie in Ruh,
Singe recht und trinke gut,
Und Fortuna kriegt auch Mut,
Setzt sich mit dazu.

Doch ich geb mir keine Müh:
"He, noch eine her!"
Kehr den Rücken gegen sie,
Laß hoch leben die und die –
Das verdrießt sie sehr.

Und bald rückt sie sacht zu mir:
"Hast du deren mehr?"
Wie Sie sehn. – "Drei Kannen schier,
Und das lauter Klebebier!" –
's wird mir gar nicht schwer.

Drauf sie zu mir lächelt fein:
"Bist ein ganzer Kerl!"
Ruft den Kellner, schreit nach Wein,
Trinkt mir zu und schenkt mir ein,
Echte Blum und Perl.

Sie bezahlet Wein und Bier,
Und ich, wieder gut,
Führe sie am Arm mit mir
Aus dem Haus, wie 'n Kavalier,
Alles zieht den Hut.

Der Schreckenberger

Aufs Wohlsein meiner Dame,
Eine Windfahn ist ihr Panier
Fortuna ist ihr Name,
Das Lager ihr Quartier!

Und wendet sie sich weiter,
Ich kümmre mich nicht drum,
Da draußen ohne Reiter,
Da geht die Welt so dumm.

Statt Pulverblitz und Knattern
Aus jedem wüsten Haus

Gevattern sehn und schnattern
Alle Lust zum Land hinaus.

Fortuna weint vor Ärger,
Es rinnet Perl auf Perl.
"Wo ist der Schreckenberger?
Das war ein andrer Kerl."

Sie tut den Arm mir reichen,
Fama bläst das Geleit,
So zu dem Tempel steigen
Wir der Unsterblichkeit.

Mondnacht

Es war, als hätt' der Himmel
Die Erde still geküßt,
Dass sie im Blütenschimmer
Von ihm nun träumen müsst'.

Die Luft ging durch die Felder,
Die Ähren wogten sacht,
Es rauschten leis' die Wälder,
So sternklar war die Nacht.

Und meine Seele spannte
Weit ihre Flügel aus,
Flog durch die stillen Lande,
Als flöge sie nach Haus.

Trost

Es haben viel Dichter gesungen
Im schönen deutschen Land,
Nun sind ihre Lieder verklungen,
Die Sänger ruhen im Sand.

Aber solange noch kreisen
Die Stern um die Erde rund,
Tun Herzen in neuen Weisen
Die alte Schönheit kund.

Im Walde da liegt verfallen
Der alten Helden Haus,
Doch aus den Toren und Hallen
Bricht jährlich der Frühling aus.

Und wo immer müde Fechter
Sinken im mutigen Strauß,
Es kommen frische Geschlechter
Und fechten es ehrlich aus.

Wünschelrute

Schläft ein Lied in allen Dingen,
Die da träumen fort und fort,
Und die Welt hebt an zu singen,
Triffst du nur das Zauberwort

Spruch

Wo ruhig sich und wilder
Unstete Wellen teilen,
das Leben schöne Bilder
und Kläng verworren eilen,
wo ist der sichre Halt? –
So ferne, was wir sollen,
so dunkel, was wir wollen,
faßt alle die Gewalt

Der Riese

Es saß ein Mann gefangen
Auf einem hohen Turm,
Die Wetterfähnlein klangen
Gar seltsam in den Sturm.

Und draußen hört' er ringen
Verworrner Ströme Gang,
Dazwischen Vöglein singen
Und heller Waffen Klang.

Ein Liedlein scholl gar lustig:
Heisa, solang Gott will!
Und wilder Menge Tosen;
Dann wieder totenstill.

So tausend Stimmen irren,
Wie Wind' im Meere gehn,
Sich teilen und verwirren,
Er konnte nichts verstehn.

Doch spürt' er, wer ihn grüße,
Mit Schaudern und mit Lust,
Es rührt' ihm wie ein Riese
Das Leben an die Brust.

Sängerfahrt

Kühlrauschend unterm hellen
Tiefblauen Himmelsdom
Treibt seine klaren Wellen
Der ew'gen Jugend Strom.

Viel rüstige Gesellen,
Den Argonauten gleich,
Sie fahren auf den Wellen
Ins duft'ge Frühlingsreich.

Ich aber faß den Becher
Daß es durchs Schiff erklingt,
Am Mast steh ich als Sprecher,
Der für euch alle singt.

Wie stehn wir hier so helle!
Wird mancher bald schlafen gehn,
O Leben, wie bist du schnelle,
O Leben, wie bist du schön!

Gegrüßt, du weite Runde,
Burg auf der Felsenwand,
Du Land voll großer Kunde,
Mein grünes Vaterland!

Euch möcht ich alles geben,
Und ich bin fürstlich reich,
Mein Herzblut und mein Leben,
Ihr Brüder, alles für euch!

So fahrt im Morgenschimmer!
Sei's Donau oder Rhein,
Ein rechter Strom bricht immer
Ins ew'ge Meer hinein.

Auf dem Schwedenberge

Da hoben bunt und bunter
Sich Zelte in die Luft,
Und Fähnlein wehten munter
Herunter von der Kluft.

Und um die leichten Tische,
An jenem Bächlein klar,
Saß in der kühlen Frische
Der lust'gen Reiter Schar.

Eilt' durch die rüst'gen Zecher
Die Marketenderin,
Reicht' flüchtig ihre Becher,
Nimmt flücht'ge Küsse hin.

Da war ein Toben, Lachen,
Weit in den Wald hinein,
Die Trommel ging, es brachen
Die lust'gen Pfeifen drein.

Durch die verworrnen Klänge
Stürmt' fort manch wilde Brust,
Da schallten noch Gesänge
Von Freiheit und von Lust.

Fort ist das bunte Toben,
Verklungen Sang und Klang,
Und stille ist's hier oben
Viel hundert Jahre lang.

Du Wald, so dunkelschaurig,
Waldhorn, du Jägerlust!
Wie lustig und wie traurig
Rührst du mir an die Brust!

Der Geist

Nächtlich dehnen sich die Stunden,
Unschuld schlaft in stiller Bucht,
Fernab ist die Welt verschwunden,
Die das Herz in Träumen sucht.
Und der Geist tritt auf die Zinne,
Und noch stiller wird's umher,
Schauet mit dem starren Sinne
In das wesenlose Meer.

Wer ihn sah bei Wetterblicken
Stehn in seiner Rüstung blank:
Den mag nimmermehr erquicken
Reichen Lebens frischer Drang. –
Fröhlich an den öden Mauern

Schweift der Morgensonne Blick,
Da versinkt das Bild mit Schauern
Einsam in sich selbst zurück.

Klage

O könnt ich mich niederlegen
Weit in den tiefsten Wald,
Zu Häupten den guten Degen,
Der noch von den Vätern alt,

Und dürft von allem nichts spüren
In dieser dummen Zeit,
Was sie da unten hantieren,
Von Gott verlassen, zerstreut;

Von fürstlichen Taten und Werken,
Von alter Ehre und Pracht,
Und was die Seele mag stärken,
Verträumend die lange Nacht!

Denn eine Zeit wird kommen,
Da macht der Herr ein End,
Da wird den Falschen genommen
Ihr unechtes Regiment.

Denn wie die Erze vom Hammer,
So wird das lockre Geschlecht
Gehaun sein von Not und Jammer
Zu festem Eisen recht.

Da wird Aurora tagen
Hoch über den Wald hinauf,
Da gibts was zu singen und schlagen,
Da wacht, ihr Getreuen, auf.

An...

Wie nach festen Felsenwänden
Muß ich in der Einsamkeit
Stets auf dich die Blicke wenden.
Alle, die in guter Zeit
Bei mir waren, sah ich Scheiden
Mit des falschen Glückes Schaum,
du bliebst schweigend mir im Leiden
wie ein treuer Tannenbaum,
Ob die Felder lustig blühn,
Ob der Winter zieht heran,
Immer finster, immer grün -
Reich die Hand mir, wackrer Mann.

Nachtfeier

Decket Schlaf die weite Runde,
Muß ich oft am Fenster lauschen,
Wie die Ströme unten rauschen,
Räder sausen kühl im Grunde,
Und mir ist so wohl zur Stunde;
Denn hinab vom Felsenrande
Spür ich Freiheit, uralt Sehnen,
Fromm zerbrechend alle Bande,

Über Wälder, Strom und Lande
Keck die großen Flügel dehnen.

Was je Großes brach die Schranken,
Seh ich durch die Stille gehen,
Helden auf den Wolken stehen,
Ernsten Blickes, ohne Wanken,
Und es wollen die Gedanken
Mit den guten Alten hausen,
Sich in ihr Gespräch vermischen,
Das da kommt in Waldesbrausen.
Manchem füllt's die Brust mit Grausen,
Mich soll's laben und erfrischen!

Tag und Regung war entflohen,
Übern See nur kam Geläute
Durch die monderhellte Weite,
Und rings brannten auf den hohen
Alpen still die bleichen Lohen,
Ew'ge Wächter echter Weihe,
Als, erhoben vom Verderben
Und vom Jammer, da die dreie
Einsam traten in das Freie,
Frei zu leben und zu sterben.

Und so wachen heute viele
Einsam über ihrem Kummer;
Unerquickt von falschem Schlummer,
Aus des Wechsels wildem Spiele
Schauend fromm nach einem Ziele.
Durch die öde, stumme Leere
Fühl ich mich euch still verbündet;
Ob der Tag das Recht verkehre,

Ewig strahlt der Stern der Ehre,
Kühn in heil'ger Nacht entzündet.

Die Tiroler Nachtwache

In stiller Bucht, bei finstrer Nacht,
Schläft tief die Welt im Grunde,
Die Berge rings stehn auf der Wacht,
Der Himmel macht die Runde,
Geht um und um,
Ums Land herum
Mit seinen goldnen Scharen,
Die Frommen zu bewahren.

Kommt nur heran mit eurer List,
Mit Leitern, Strick und Banden,
Der Herr doch noch viel stärker ist,
Macht euren Witz zuschanden.
Wie wart ihr klug! –
Nun schwindelt Trug
Hinab vom Felsenrande –
Wie seid ihr dumm! o Schande!

Gleichwie die Stämme in dem Wald
Wolln wir zusammenhalten,
Ein' feste Burg, Trutz der Gewalt,
Verbleiben treu die alten.
Steig, Sonne, schön!
Wirf von den Höhn
Nacht und die mit ihr kamen,
Hinab in Gottes Namen.

Der Jäger Abschied

Wer hat dich, du schöner Wald,
Aufgebaut so hoch da droben?
Wohl den Meister will ich loben,
Solang noch mein' Stimm' erschallt.
Lebe wohl,
Lebe wohl, du schöner Wald!

Tief die Welt verworren schallt,
Oben einsam Rehe grasen,
Und wir ziehen fort und blasen,
Daß es tausendfach verhallt:
Lebe wohl,
Lebe wohl, du schöner Wald!

Banner, der so kühle wallt!
Unter deinen grünen Wogen
Hast du treu uns aufgezogen
Frommer Sagen Aufenthalt!
Lebe wohl,
Lebe wohl, du schöner Wald!

Was wir still gelobt im Wald,
Wollen's draußen ehrlich halten,
Ewig bleiben treu die Alten:
Deutsch Panier, das rauschend wallt,
Lebe wohl!
Schirm dich Gott, du schöner Wald!

Abschied

O Täler weit, o Höhen,
O schöner, grüner Wald,
Du meiner Lust und Wehen
Andächtger Aufenthalt!
Da draußen, stets betrogen,
Saust die geschäfte Welt,
Schlag noch einmal die Bogen
Um mich, du grünes Zelt!

Wenn es beginnt zu tagen,
Die Erde dampft und blinkt,
Die Vögel lustig schlagen,
Daß dir dein Herz erklingt:
Da mag vergehn, verwehen
Das trübe Erdenleid,
Da sollst du auferstehen
In junger Herrlichkeit!

Da steht im Wald geschrieben
Ein stilles, ernstes Wort
Von rechtem Tun und Lieben,
Und was des Menschen Hort.
Ich habe treu gelesen
Die Worte, schlicht und wahr,
Und durch mein ganzes Wesen
Wards unaussprechlich klar.

Bald werd ich dich verlassen,
Fremd in der Fremde gehn,
Auf buntbewegten Gassen
Des Lebens Schauspiel sehn;

Und mitten in dem Leben
Wird deines Ernsts Gewalt
Mich Einsamen erheben,
So wird mein Herz nicht alt.

Zeichen

1.

So Wunderbares hat sich zugetragen:
Was aus uralten Sagen
Mit tief verworrener Gewalt oft sang
Von Liebe, Freiheit, was das Herz erlabe,
Mit heller Waffen Klang
Es richtet sich geharnischt auf vom Grabe,
Und an den alten Heerschild hat's geschlagen,
Daß Schauer jede Brust durchdrang.

2.

Was für ein Klang in tiefen Tagen
Hat übermächtig angeschlagen?
Der Völker Herzen find die Saiten,
durch die jetzt Gottes Hände gleiten1

An meinen Bruder zum Abschied

Steig aufwärts, Morgenstunde!
Zerreiß die Nacht, daß ich in meinem Wehe
Den Himmel wiedersehe,
Wo ew'ger Frieden in dem blauen Grunde!

Will Licht die Welt erneuen,
Mag auch der Schmerz in Tränen sich befreien.
Mein lieber Herzensbruder!
Still war der Morgen – Ein Schiff trug uns beide,
Wie war die Welt voll Freude!
Du faßtest ritterlich das schwanke Ruder,
Uns beide treulich lenkend,
Auf froher Fahrt nur einen Stern bedenkend.

Mich irrte manches Schöne,
Viel reizte mich und viel mußt ich vermissen.
Von Lust und Schmerz zerrissen,
Was so mein Herz hinausgeströmt in Töne:
Es waren Widerspiele
Von deines Busens ewigem Gefühle.

Da ward die Welt so trübe,
Rings stiegen Wetter von der Berge Spitzen,
Der Himmel borst in Blitzen,
Daß neugestärkt sich Deutschland draus erhübe. –
Nun ist das Schiff zerschlagen,
Wie soll ich ohne dich die Flut ertragen! –

Auf einem Fels geboren,
Verteilen kühler rauschend sich zwei Quellen,
Die eigne Bahn zu schwellen.
Doch wie sie fern einander auch verloren:
Es treffen echte Brüder
Im ew'gen Meere doch zusammen wieder.

So wolle Gott du flehen,
Daß er mit meinem Blut und Leben schalte,
Die Seele nur erhalte,
Auf daß wir freudig einst uns wiedersehen,
Wenn nimmermehr hienieden:
So dort, wo Heimat, Licht und ew'ger Frieden!

Aufbruch

Silbern Ströme ziehn herunter,
Blumen schwanken fern und nah,

Ringsum regt sich's bunt und bunter –
Lenz! bist du schon wieder da?

"Reiter sind's, die blitzend ziehen,
Wieviel glänz'ger Strome Lauf,
Fahnen, liliengleich, erblühen,
Lerchenwirbel, Trommelwirbel
Wecken rings den Frühling auf."

Horch! was hör ich draußen klingen
Wild verlockend wie zur Jagd?
Ach, das Herz möcht mir zerspringen,
Wie es jauchzt und weint und klagt.

„Und in Waldes grünen Hallen,
Tiefe Schauer in der Brust,
Lassen wir die Hörner schallen,
In das Blau die Stimmen hallen,
So zum Schrecken wie zur Lust."

Wehe! dunkle Wolken decken
Seh ich all die junge Pracht,
Feur'ge Todeszungen strecken
Durch die grimme Wetternacht.

„Wettern gleich blüht Kampfesfülle,
Blitze zieht das gute Schwert,
Mancher wird auf ewig stille –
Herr Gott, es gescheh Dein Wille!
Blast Trompeten! Frisch mein Pferd!"

Regenbogen seh ich steigen,
Wie von Tränen sprühn die Au,

Jenen sich erbarmend neigen
Über den verweinten Gau.

„Also über Graus und Wogen,
Hat der Vater gnadenreich
Ein Triumphtor still gezogen.
Wer da fällt, zieht durch den Bogen
Heim ins ewige Himmelreich."

Soldatenlied

Was zieht da für schreckliches Sausen,
Wie Pfeifen durch Sturmeswehn?
Das wendet das Herz recht vor Grausen,
Als sollte die Welt vergehn.
Das Fußvolk kommt da geschritten,
Die Trommeln wirbeln voran,
Die Fahne in ihrer Mitten
Weht über den grünen Plan,
Sie prangt in schneeweißem Kleide
Als wie eine milde Braut,
Die gibt dem hohe Freude,
Wen Gott ihr angetraut.

Sie haben sie recht umschlossen,
Dicht Mann an Mann gerückt,
So ziehen die Kriegsgenossen
Sreng, schweigend und ungeschmückt,
Wie Gottes dunkler Wille,
Wie ein Gewitter schwer,
Da wird es ringsum so stille,

Der Tod nur blitzt hin und her.
Wie seltsame Klänge schwingen
Sich dort von der Waldeshöh!
Ja, Hörner sind es, die singen
Wie rasend vor Lust und Weh.

Die jungen Jäger sich zeigen
Dort drüben im grünen Wald,
Bald schimmernd zwischen den Zweigen,
Bald lauernd im Hinterhalt.
Wohl sinkt da in ewiges Schweigen
Manch schlanke Rittergestalt,
Die anderen über ihn steigen,
Hurra! in dem schönen Wald,
Es funkelt das Blau durch die Bäume –
"Ach, Vater, ich komme bald!"
Trompeten nur hör ich werben
So hell durch die Frühlingsluft,
Zur Hochzeit oder zum Sterben
So übermächtig es ruft.

Das sind meine lieben Reiter,
Die rufen hinaus zur Schlacht,
Das sind meine lustigen Reiter,
Nun, Liebchen, gute Nacht!
Wie wird es da vorne so heiter,
Wie sprühet der Morgenwind,
In den Sieg, in den Tod und weiter,
Bis daß wir im Himmel sind!

Die ernsthafte Fastnacht

Wohl vor Wittenberg auf den Schanzen
Sind der edlen Werber viel,
Wollen da zur Fastnacht tanzen
Ein gar seltsam Ritterspiel.

Und die Stadt vom Felsen droben
Spiegelt sich im Sonnenschein,
Wie ein Jungfräulein erhoben –
Jeder will ihr Bräut'gam sein.

Jäger! laßt die Hörner klingen
Durch den Morgen kalt und blank!
Wohl, sie läßt sich noch bezwingen,
Hört sie alten deutschen Klang.

Drauf sie einen Reiter schnelle
Senden, der so fröhlich schaut,
Der bläst seinen Gruß so helle,
Wirbt da um die stolze Braut.

„Sieh, wir werben lang' verstohlen
Schon um dich in Not und Tod,
Komm! sonst wollen wir dich holen,
Wann der Mond scheint blutig rot!"

Bleich schon fallen Abendlichter –
Und der Reiter bläst nur zu,
Nacht schon webt sich dicht und dichter –
Doch das Tor bleibt immer zu.

Nun so spielt denn, Musikanten,
Blast zum Tanz aus frischer Brust!

Herz und Sinne mir entbrannten,
O du schöne, wilde Lust!

Wer hat je so'n Saal gesehen?
Strom und Wälder spielen auf,
Sterne auf und nieder gehen,
Stecken hoch die Lampen auf.

Ja der Herr leucht't selbst zum Tanze,
Frisch denn, Kameraden mein!
Funkelnd schön im Mondesglanze
Strenges Lieb, mußt unser sein! –

Und es kam der Morgen heiter,
Mancher Tänzer lag da tot,
Und Viktoria blies der Reiter
Von dem Wall ins Morgenrot.

Schlesier wohl zu Ruhm und Preise
Haben sich dies Lieb gewonnen,
Und ein Schlesier diese Weise
Recht aus Herzenslust ersonnen

Auf der Feldwacht

Mein Gewehr im Arme steh ich
Hier verloren auf der Wacht,
Still nach jener Gegend seh ich,
Hab so oft dahin gedacht!

Fernher Abendglocken klingen
Durch die schöne Einsamkeit;

So, wenn wir zusammen gingen,
Hört ichs oft in alter Zeit.

Wolken da wie Türme prangen,
Als säh ich im Duft mein Wien,
Und die Donau hell ergangen
Zwischen Burgen durch das Grün.

Doch wie fern sind Strom und Türme!
Wer da wohnt, denkt mein noch kaum,
Herbstlich rauschen schon die Stürme,
Und ich stehe wie im Traum.

Waffenstillstand der Nacht

Windsgleich kommt der wilde Krieg geritten,
Durch das Grün der Tod ihm nachgeschritten,
Manch Gespenst steht sinnend auf dem Feld,
Und der Sommer schüttelt sich vor Grausen,
Läßt die Blätter, schließt die grünen Klausen,
Ab sich wendend von der blut'gen Welt.

Prächtig war die Nacht nun aufgegangen,
Hatte alle mütterlich umfangen,
Freund und Feind mit leisem Friedenskuß,
Und, als wollt der Herr vom Himmel steigen,
Hört ich wieder durch das tiefe Schweigen
Rings der Wälder feierlichen Gruß.

Der Friedensbote

Schlaf ein, mein Liebchen, schlaf ein,
Leis durch die Blumen am Gitter
Säuselt des Laubes Gezitter,
Rauschen die Quellen herein;
Gesenkt auf den schneeweißen Arm
Schlaf ein, mein Liebchen, schlaf ein,
Wie atmest du lieblich und warm!

Aus dem Kriege kommen wir heim;
In stürmischer Nacht und Regen,
Wenn ich auf der Lauer gelegen,
Wie dachte ich dorten dein!
Gott stand in der Not uns bei,
Nun droben, bei Mondenschein,
Schlaf ruhig, das Land ist ja frei!

An meinen Bruder

Was Großes sich begeben,
Der Kön'ge Herrlichkeit,
Du sahsts mit freudgem Beben,
Dir wars vergönnt, zu leben
In dieser Wunderzeit.

Und über diese Wogen
Kam hoch ein himmlisch Bild
Durchs stille Blau gezogen,
Traf mit dem Zauberbogen
Dein Herz so fest und mild.

O wunderbares Grauen,
Zur selben Stund den Herrn
Im Wetterleuchten schauen,
Und über den stummen Gauen
Schuldloser Liebe Stern!

Und hat nun ausgerungen
Mein Deutschland siegeswund:
Was damals Lieb gesungen,
Was Schwerter dir geklungen,
Klingt fort im Herzensgrund.

Laß bilden die Gewalten!
Was davon himmlisch war,
Kann nimmermehr veralten,
Wird in der Brust gestalten
Sich manches stille Jahr.

Die Fesseln müssen springen,
Ja, endlich macht sichs frei,
Und Großes wird gelingen
Durch Taten oder Singen,
Vor Gott ists einerlei.

An die Lützowschen Jäger

Wunderliche Spießgesellen,
Denkt ihr noch an mich,
Wie wir an der Elbe Wellen
Lagen brüderlich?

Wie wir in des Spreewalds Hallen,
Schauer in der Brust,
Hell die Hörner ließen schallen
So zu Schreck wie Lust?

Mancher mußte da hinunter
Unter den Rasen grün,
Und der Krieg und Frühling munter
Gingen über ihn.

Wo wir ruhen, wo wir wohnen:
Jener Waldeshort
Rauscht mit seinen grünen Kronen
Durch mein Leben fort.

Vorbei

Das ist der alte Baum nicht mehr,
Der damals hier gestanden,
Auf dem ich gesessen im Blütenmeer
Über den sonnigen Landen.

Das ist der Wald nicht mehr, der sacht
Vom Berge rauschte nieder,
Wenn ich vom Liebchen ritt bei Nacht,
Das Herz voll neuer Lieder.

Das ist nicht mehr das tiefe Tal
Mit den grasenden Rehen,
In das wir nachts vieltausendmal
Zusammen hinausgesehen. –

Es ist der Baum noch, Tal und Wald,
Die Welt ist jung geblieben,
Du aber wurdest seitdem alt,
Vorbei ist das schöne Lieben.

Bei Halle

Da steht eine Burg überm Tale
Und schaut in den Strom hinein,
Das ist die fröhliche Saale,
Das ist der Giebichenstein.

Da hab ich so oft gestanden,
Es blühten Täler und Höhn,
Und seitdem in allen Landen
Sah ich nimmer die Welt so schön!

Durchs Grün da Gesänge schallten,
Von Rossen, zu Lust und Streit,
Schauten viel schlanke Gestalten,
Gleich wie in der Ritterzeit.

Wir waren die fahrenden Ritter,
Eine Burg war noch jedes Haus,
Es schaute durchs Blumengitter
Manch schönes Fräulein heraus.

Das Fräulein ist alt geworden,
Und unter Philistern umher
Zerstreut ist der Ritterorden,
Kennt keiner den andern mehr.

Auf dem verfallenen Schlosse,
Wie der Burggeist, halb im Traum,
Steh ich jetzt ohne Genossen
Und kenne die Gegend kaum.

Und Lieder und Lust und Schmerzen,
Wie liegen sie nun so weit –
O Jugend, wie tut im Herzen
Mir deine Schönheit so leid.

In Danzig

Dunkle Giebel, hohe Fenster,
Türme tief aus Nebeln sehn,
Bleiche Statuen wie Gespenster
Lautlos an den Türen stehn.

Träumerisch der Mond drauf scheinet,
Dem die Stadt gar wohl gefällt,
Als läg' zauberhaft versteinet
Drunten eine Märchenwelt.

Ringsher durch das tiefe Lauschen,
Über alle Häuser weit,
Nur des Meeres fernes Rauschen –
Wunderbare Einsamkeit!

Und der Türmer wie vor Jahren
Singet ein uraltes Lied:
Wolle Gott den Schiffer wahren,
Der bei Nacht vorüberzieht.

Morgendämmerung

Gedenk ich noch der Frühlingsnächte
Vor manchem, manchem Jahr,
Wie wir zusammen im Garten standen
Und unten über den Landen
Alles so still noch war.

Wie wir standen in Gedanken,
Bis eine Morgenglocke erwacht' –
Das alles ist lange vergangen;
Aber die Glocken, die da klangen,
Hör ich noch oft bei Nacht.

Spruch

Magst du zu den Alten halten
Oder Altes neu gestalten,
Meins nur treu und laß Gott walten!

Das Zaubernetz

Fraue, in den blauen Tagen
Hast ein Netz du ausgehangen,
Zart gewebt aus seidnen Haaren,
Süßen Worten, weißen Armen.

Und die blauen Augen sprachen,
Da ich waldwärts wollte jagen
"Zieh mir, Schöner, nicht von dannen!"
Ach, da war ich dein Gefangner!

Hörst du nun den Frühling laden? –
Jägers Waldhorn geht im Walde,
Lockend grüßen bunte Flaggen,
Nach dem Sänger alle fragen.

Ach, von euch, ihr Frühlingsfahnen,
Kann ich, wie von dir, nicht lassen!
Reisen in den blauen Tagen
Muß der Sänger mit dem Klange.

Flügel hat, den du gefangen –
Alle Schlingen müssen lassen
Und er wird dir weggetragen,
Wenn die ersten Lerchen sangen.

Liebst du, treu dem alten Sange
Wie dem Sänger, mich wahrhaftig:
Laß dein Schloß, den schönen Garten,
Führ dich heim in Waldesprachten!

Auf dem Zelter sollst du prangen,
Um die schönen Glieder schlanke
Seide, himmelblau, gespannet,
Als ein süßgeschmückter Knabe.

Und der Jäger sieht uns fahren,
Und er läßt das Wild, das Jagen,
Will nun ewig mit uns wandern
Mit dem frischen Hörnerklange.

Wer von uns verführt den andern,
Ob es deine Augen taten,

Meine Laut', des Jägers Blasen? –
Ach, wir können's nicht erraten;

Aber um uns drei zusammen
Wird der Lenz im grünen Walde
Wohl ein Zaubernetze schlagen,
Dem noch keiner je entgangen.

Der Schalk

Läuten kaum die Maienglocken
Leise durch den lauen Wind,
Hebt ein Knabe froh erschrocken
Aus dem Grase sich geschwind,
Schüttelt in den Blütenflocken
Seine feinen blonden Locken,
Schelmisch sinnend wie ein Kind.

Und nun wehen Lerchenlieder,
Und es schlägt die Nachtigall,
Rauschend von den Bergen nieder
Kommt der kohle Wasserfall,
Rings im Walde bunt Gefieder: –
Frühling, Frühling ist es wieder
Und ein Jauchzen überall.

Und den Knaben hört man schwirren,
Goldne Fäden zart und lind
Durch die Lüfte künstlich wirren –
Und ein süßer Krieg beginnt:
Suchen, Fliehen, schmachtend Irren,

Bis sich alle hold verwirren. –
O beglücktes Labyrinth!

Frühlingsdämmerung

In der stillen Pracht,
In allen frischen Büschen und Bäumen
Flüsterts wie Träumen
Die ganze Nacht.
Denn über den mondbeglänzten Ländern
Mit langen weißen Gewändern
Ziehen die schlanken
Wolkenfraun wie geheime Gedanken,
Senden von den Felsenwänden
Hinab die behenden
Frühlingsgesellen, die hellen Waldquellen,
Die's unten bestellen
An die duftgen Tiefen,
Die gerne noch schliefen.
Nun wiegen und neigen in ahnendem Schweigen
Sich alle so eigen
Mit Ähren und Zweigen,
Erzählens den Winden,
Die durch die blühenden Linden
Vorüber den grasenden Rehen
Säuselnd über die Seen gehen,
Daß die Nixen verschlafen auftauchen
Und fragen,
Was sie so lieblich hauchen –
Wer mag es wohl sagen?

Frühlingsgruß

Es steht ein Berg in Feuer,
In feurigem Morgenbrand,
Und auf des Berges Spitze
Ein Tannbaum überm Land.

Und auf dem höchsten Wipfel
Steh ich und schau vom Baum,
O Welt, du schöne Welt, du,
Man sieht dich vor Blüten kaum!

Abendlandschaft

Der Hirt bläst seine Weise,
Von fern ein Schuß noch fällt,
Die Wälder rauschen leise
Und Ströme tief im Feld.

Nur hinter jenem Hügel
Noch spielt der Abendschein –
O hätt' ich, hätt' ich Flügel,
Zu fliegen da hinein!

Elfe

Bleib bei uns! wir haben den Tanzplan im Tal
Bedeckt mit Mondesglanze,
Johanniswürmchen erleuchten den Saal,
Die Heimchen spielen zum Tanze.

Die Freude, das schöne leichtgläubige Kind,
Es wiegt sich in Abendwinden:
Wo Silber auf Zweigen und Büschen rinnt,
Da wirst du die Schönste finden!

Blumen und Liebe

Nelke, du reizendes Kind, wie hast du so gar
nichts Bescheidnes!
Jauchzende Farben vor Luft flammst du ins
traurige Grün,
Tief von den eignen Düften selber lustig berauschet.
Spiele und brenne nur recht! Denn ich berausche
mich gern.
Rührt euch, Blumen, wacht auf und hebt die
verweineten Augen,
Morgenschauer schon gehn kühl über Wiesen
und Wald.
Wie eine Braut entsteigt die Sonne dem
rosigen Pfühle,
Blickt durch die Welt hin weit, schweigend
vor seliger Lust;
Küßt die Thränen euch linde von den
gemaleten Wangen,
Die ihr vor Sehnsucht geweint, träumend
in stillauer Nacht,
Wie sich's nun überall regt und funkelt und
jauchzet und sprühet,
Gott! o wie schön ist die Welt, wenn sie die
Liebe bescheint!
Wie du verstohlen mich anblickst, Kornblume,
aus nickenden Ähren,

Immerfort nach mir gewandt heiter das treublaue Aug';
Wirtlich, verständig, bescheiden, vertraulich, sinnig und herzig,
Deutscher Mädchen Bild bist du mir, liebliches Kind.
Hoch und einsam in nächtlichem Garten sah ich dich leuchten,
Lampe der Vesta, klar, himmelwärts hauchend den Duft,
Und ich selber gebannt stand vor dir in Andacht versunken,
Lilie, Jungfraue schlank, schneeweiße, himmlische Braut!

Mädchenseele

Gar oft schon fühl ich's tief, des Mädchens Seele
Wird nicht sich selbst, dem Liebsten nur geboren.
Da irrt sie nun verstoßen und verloren,
Schickt heimlich Blicke schön als Boten aus,
Daß sie auf Erden suchen ihr ein Haus.
Sie schlummert in der Schwüle, leicht bedeckt,
Lächelt im Schlafe, atmet warm und leise,
Doch die Gedanken sind fern auf der Reise,
Und auf den Wangen flattert träumrisch Feuer,
Hebt buhlend oft der Wind den zarten Schleier.
Der Mann, der da zum erstenmal sie weckt,
Zuerst hinunterlangt in diese Stille,
Dem fällt sie um den Hals vor Freude bang
Und läßt ihn nicht mehr all ihr Lebelang.

Morgenständchen

In den Wipfeln frische Lüfte,
Fern melod'scher Quellen Fall,
Durch die Einsamkeit der Klüfte
Waldeslaut und Vogelschall,
Scheuer Träume Spielgenossen,
Steigen all beim Morgenschein
Auf des Weinlaubs schwanken Sprossen
Dir ins Fenster aus und ein.
Und wir nahn noch halb in Träumen,
Und wir tun in Klängen kund,
Was da draußen in den Bäumen
Singt der weite Frühlingsgrund.
Regt der Tag erst laut die Schwingen:
Sind wir alle wieder weit –
Aber tief im Herzen klingen
Lange nach noch Lust und Leid.

Wetterleuchten

Wetterleuchten fern im Dunkeln;
Wunderbar die Berge stehn,
Nur die Bäche manchmal funkeln,
Die im Grund verworren gehn.

Und ich schaue froh erschrocken,
Wie in eines Traumes Pracht,
Schüttle nur die dunklen Locken, –
Deine Augen sind die Nacht.

Abendständchen

Schlafe Liebchen, weils auf Erden
Nun so still und seltsam wird!
Oben gehn die goldnen Herden,
Für uns alle wacht der Hirt.

In der Ferne ziehn Gewitter;
Einsam auf dem Schifflein schwank,
Greif ich draußen in die Zither,
Weil mir gar so schwül und bang.

Schlingend sich an Bäum und Zweigen,
In dein stilles Kämmerlein
Wie auf goldnen Leitern steigen
Diese Töne aus und ein.

Und ein wunderschöner Knabe
Schifft hoch über Tal und Kluft,
Rührt mit seinem goldnen Stabe
Säuselnd in der lauen Luft.

Und in wunderbaren Weisen
Singt er ein uraltes Lied,
Das in linden Zauberkreisen
Hinter seinem Schifflein zieht.

Ach, den süßen Klang verführet
Weit der buhlerische Wind,
Und durch Schloß und Wand ihn spüret
Träumend jedes schöne Kind.

Nacht

1.

Die Vöglein, die so fröhlich sangen,
Der Blumen bunte Pracht,
s ist alles unter nun gegangen,
Nur das Verlangen
Der Liebe wacht

2.

Tritt nicht hinaus jetzt vor die Tür,
Die Nacht hat eignen Sang,
Das Waldhorn ruft, als riefs nach dir,
Betrüglich ist der irre Klang,
Endlos der Wälder Labyrint –
Behüt dich Gott, du schönes Kind!

3.

Überm Lande die Sterne
Machen die Runde bei Nacht,
Mein Schatz ist in der Ferne,
Liegt am Feuer auf der Wacht.
Übers Feld bellen die Hunde;
Wenn der Mondschein erblich,
Rauscht der Wald auf im Grunde:
Reiter jetzt hüte dich!

4.

Hörst du die Gründe rufen
In Träumen halb verwacht?
O, von des Schlosses Stufen

Steig nieder in die Nacht! –
Die Nachtigallen schlagen
Der Garten rauschet sacht,
Es will dir Wunder sagen
Die wunderbare Nacht

Jagdlied

Wenn die Bergesbäche schäumen
Und der Mond noch schweigend wacht,
Zwischen Felsen rings und Bäumen
Wie ein Feenland von Träumen
Ruht die wunderbare Nacht.

Da wird bei der Wipfel Wehen
Recht das Herz dem Jäger weit,
Talwärts von den stillen Höhen
Läßt er Hörnerklang ergehen
Durch die schöne Einsamkeit.

Und er weckt die Götter alle,
Von dem Berg Aurora lacht,
Venus folgt dem mut`gen Schalle,
Doch Diana, sie vor allen
Stürzt hervor aus Waldespracht.

Aus der Büchse sprühend Funken!
Immer höher schwillt die Brust!
Wild und Jäger todestrunken
In die grüne Nacht versunken –
O du schöne Jägerlust!

Die Stille

Es weiß und rät es doch keiner,
Wie mir so wohl ist, so wohl!
Ach, wüßt es nur Einer, nur Einer,
Kein Mensch es sonst wissen soll!

So still ist's nicht draußen im Schnee,
So stumm und verschwiegen sind
Die Sterne nicht in der Höhe,
Als meine Gedanken sind.

Ich wünscht, es wäre schon Morgen,
Da fliegen zwei Lerchen auf,
Die überfliegen einander,
Mein Herze folgt ihrem Lauf.

Ich wünscht, ich wäre ein Vöglein
Und zöge über das Meer,
Wohl über das Meer und weiter,
Bis daß ich im Himmel wär!

Die Studenten

Die Jäger ziehn in grünen Wald
Und Reiter blitzend übers Feld,
Studenten durch die ganze Welt,
So weit der blaue Himmel wallt.

Der Frühling ist der Freudensaal,
Vieltausend Vöglein spielen auf,

Da schallt's im Wald bergab, bergauf:
„Grüß dich, mein Schatz, vieltausendmal!"

Viel rüst'ge Bursche ritterlich,
Die fahren hier in Stromes Mitt,
Wie wilde sie auch stellen sich,
Trau mir, mein Kind, und fürcht dich nit!

Querüber übers Wasser glatt
Laß werben deine Äugelein,
Und der dir wohlgefallen hat
Der soll dein lieber Buhle sein.

Durch Nacht und Nebel schleich ich sacht,
Kein Lichtlein brennt, kalt weht der Wind,
Riegl auf, riegl auf bei stiller Nacht,
Weil wir so jung beisammen sind!

Ade nun, Kind, und nicht geweint!
Schon gehen Stimmen da und dort,
Hoch übern Wald Aurora scheint,
Und die Studenten reisen fort.

Der Gärtner

Wohin ich geh und schaue,
In Feld und Wald und Tal,
Vom Berg hinab in die Aue:
Viel schöne, hohe Fraue,
Grüß ich dich tausendmal.

In meinem Garten find ich
Viel Blumen, schön und fein,
Viel Kränze wohl draus wind ich
Und tausend Gedanken bind ich
Und Grüße mit darein.

Ihr darf ich keinen reichen,
Sie ist zu hoch und schön,
Die müssen alle verbleichen,
Die Liebe nur ohnegleichen
Bleibt ewig im Herzen stehn.

Ich schein wohl froher Dinge
Und schaffe auf und ab,
Und, ob das Herz zerspringe,
Ich grabe fort und singe
Und grab mir bald mein Grab.

Übermut

Ein' Gems auf dem Stein,
Ein Vogel im Flug,
Ein Mädel, das klug,
Kein Bursch holt die ein.

Der Bote

Am Himmelsgrund schießen
So lustig die Stern,
Dein Schatz läßt dich grüßen
Aus weiter, weiter Fern!

Hat eine Zither gehangen
An der Tür unbeacht',
Der Wind ist gegangen
Durch die Saiten bei Nacht.

Schwang sich auf dann vom Gitter
Über die Berge, übern Wald –
Mein Herz ist die Zither,
Gibt ein'n fröhlichen Schall.

Der Winzer

Es hat die Nacht geregnet,
Es zog noch grau ins Tal,
Und ruhten still gesegnet
Die Felder überall;
Von Lüften kaum gefächelt,
Durchs ungewisse Blau
Die Sonne verschlafen lächelt'
Wie eine wunderschöne Frau.

Nun sah ich auch sich heben
Aus Nebeln unser Haus,
Du dehntest zwischen den Reben
Dich von der Schwelle hinaus,
Da funkelt' auf einmal vor Wonne
Der Strom und Wald und Au –
Du bist mein Morgen, meine Sonne,
Meine liebe, verschlafene Frau!

Die Kleine

Zwischen Bergen, liebe Mutter,
Weit den Wald entlang,
Reiten da drei junge Jäger
Auf drei Roßlein blank, lieb Mutter,
Auf drei Rößlein blank.

Ihr könnt fröhlich sein, lieb Mutter
Wird es draußen still:
Kommt der Vater heim vom Walde,
Küßt Euch, wie er will, lieb Mutter,
Küßt Euch, wie er will.

Und ich werfe mich im Bettchen
Nachts ohn Unterlaß,
Kehr mich links und kehr mich rechts hin,
Nirgends hab ich was, lieb Mutter,
Nirgends hab ich was.

Bin ich eine Frau erst einmal,
In der Nacht dann still
Wend ich mich nach allen Seiten,
Küß, soviel ich will, lieb Mutter,
Küß, soviel ich will.

Die Stolze

Sie steckt mit der Abendrote
In Flammen rings das Land,
Und hat samt Manschetten und Flöte
Den verliebten Tag verbrannt.

Und als nun verglommen die Gründe,
Sie stieg auf die stillen Höhn,
Wie war da rings um die Schlünde
Die Welt so groß und schön!

Waldkönig zog durch die Wälder
Und stieß ins Horn vor Lust,
Da klang über die stillen Felder,
Wovon der Tag nichts gewußt. –

Und wer mich wollt erwerben,
Ein Jäger müßt's sein zu Roß,
Und müßt auf Leben und Sterben
Entführen mich auf sein Schloß!

Der Freiwerber

Frühmorgens durch die Winde kühl
Zwei Ritter hergeritten sind,
Im Garten klingt ihr Saitenspiel,
Wach auf, wach auf, mein schönes Kind!

Ringsum viel Schlösser schimmernd stehn,
So silbern geht der Ströme Lauf,
Hoch, weit rings Lerchenlieder wehn,
Schließ Fenster, Herz und Äuglein auf!

So wie du bist, verschlafen heiß,
Laß allen Putz und Zier zu Haus,
Tritt nur herfür im Hemdlein weiß,
Siehst so gar schön verliebet aus.

Ich hab einen Fremden wohl bei mir,
Der lauert unten auf der Wacht,
Der bittet schön dich um Quartier,
Verschlafnes Kind, nimm dich in acht!

Jäger und Jägerin

Sie

Wär ich ein muntres Hirschlein schlank,
Wollt ich im grünen Walde gehn,
Spazierengehn bei Hörnerklang,
Nach meinem Liebsten mich umsehn.

Er

Nach meiner Liebsten mich umsehn
Tu ich wohl, zieh ich früh von hier,
Doch sie mag niemals zu mir gehn
Im dunkelgrünen Waldrevier.

Sie

Im dunkelgrünen Waldrevier
Da blitzt der Liebste rosenrot,
Gefällt so sehr dem armen Tier,
Das Hirschlein wünscht, es läge tot.

Er

Und wär das schöne Hirschlein tot,
So möcht ich jagen länger nicht;
Scheint übern Wald der Morgen rot:
Hüt schönes Hirschlein, hüte dich!

SIE

Hüt schönes Hirschlein, hüte dich!
Spricht's Hirschlein selbst in seinem Sinn:
Wie soll ich, soll ich hüten mich,
Wenn ich so sehr verliebet bin?

ER

Weil ich so sehr verliebet bin,
Wollt ich das Hirschlein, schon und wild
Aufsuchen tief im Walde drin
Und streicheln, bis es stille hielt.

SIE

Ja, streicheln, bis es stille hielt,
Falsch locken so in Stall und Haus!
Zum Wald springt 's Hirschlein frei und wild
Und lacht verliebte Narren aus.

Liebesglück

Ich hab ein Liebchen lieb recht von Herzen,
Hellfrische Augen hat's wie zwei Kerzen,
Und wo sie spielend streifen das Feld,
Ach, wie so lustig glänzet die Welt!

Wie in der Waldnacht zwischen den Schlüften
Plötzlich die Täler sonnig sich klüften,
Funkeln die Ströme, rauscht himmelwärts
Blühende Wildnis – so ist mein Herz!

Wie vom Gebirge in Meer zu schauen,
Wie wenn der Seefalk, hangend im Blauen,
Zuruft der dämmernden Erd', wo sie blieb? –
So unermeßlich ist rechte Lieb'!

Die Nacht

Nacht ist wie ein stilles Meer,
Luft und Leid und Liebesklagen
Kommen so verworren her
In dem linden Wellenschlagen.

Wünsche wie die Wolken sind,
Schiffen durch die stillen Räume,
Wer erkennt im lauen Wind,
Obs Gedanken oder Träume? –

Schließ ich nun auch Herz und Mund,
Die so gern den Sternen klagen:
Leise doch im Herzensgrund
Bleibt das lindem Wellenschlagen.

An eine Tänzerin

Kastagnetten lustig schwingen
Seh ich dich, du zierlich Kind!
Mit der Locken schwarzen Ringen
Spielt der sommerlaue Wind.
Künstlich regst du schöne Glieder,
Glühend–wild,
Zärtlich–mild

Tauchest in Musik du nieder
Und die Woge hebt dich wieder.

Warum sind so blaß die Wangen,
Dunkelfeucht der Augen Glanz,
Und ein heimliches Verlangen
Schimmert glühend durch den Tanz?
Schalkhaft lockend schaust du nieder,
Liebesnacht
Süß erwacht,
Wollüstig erklingen Lieder –
Schlag nicht so die Augen nieder!

Wecke nicht die Zauberlieder
In der dunklen Tiefe Schoß,
Selbst verzaubert sinkst du nieder,
Und sie lassen dich nicht los.
Tödlich schlingt sich um die Glieder
Sündlich Glühn,
Und verblühn
Müssen Schönheit, Tanz und Lieder,
Ach, ich kenne dich nicht wieder!

Begegnung

Ich wandert in der Frühlingszeit,
Fern auf den Bergen gingen
Mit Geigenspiel und Singen
Viel lust'ge Hochzeitsleut,
Das war ein Jauchzen und Klingen!
Es blühte rings in Tal und Höhn,
Ich konnt vor Lust nicht weitergehn.

Am Dorfe dann auf grüner Au
Begannen sie den Reigen,
Und durch den Schall der Geigen
Lacht' laut die junge Frau,
Ihr Stimmlein klang so eigen,
Ich wußte nicht, wie mir geschehn –
Da wandt sie sich in wildem Drehn.

Es war mein Lieb! 's ist lange her,
Sie blickt' so ohne Scheue,
Verloren ist die Treue,
Sie kannte mich nicht mehr –
Da jauchzt' und geigt's aufs neue,
Ich aber wandt mich fort ins Feld,
Nun wandre ich bis ans End der Welt!

Der Hochzeitsänger

Fernher ziehn wir durch die Gassen,
Stehn im Regen und im Wind,
Wohl von aller Welt verlassen
Arme Musikanten sind.
Aus den Fenstern Geigen klingen,
Schleift und dreht sichs bunt und laut,
Und wir Musikanten singen
Draußen da der reichen Braut.

Wollt sie doch keinen andern haben,
Ging mit mir durch Wald und Feld,
Prächtig in den blauen Tagen,
Schien die Sonne auf die Welt.

Heisa : lustig Drehn und Ringen,
Jeder hält sein Liebchen warm,
Und wir Musikanten singen
Lustig so, dass Gott erbarm.

Lachend reicht man uns die Neigen,
Auf ihr Wohlsein trinken wir;
Wollt sie sich am Fenster zeigen,
s wäre doch recht fein von ihr.
Und wir siedeln und wir singen
Manche schöne Melodei,
Daß die besten Saiten springen,
s war, als spräng mirs Herz entzwei.

Jetzt ist Schmaus und Tanz zerstoben,
Immer stiller wird's im Haus,
Und die Mägde putzen oben
Alle lustgen Kerzen aus.
Doch wir blasen recht mit Rasen
Jeder in sein Instrument,
Möchte in meinem Grimm ausblasen
Alle Stern am Firmament!

Und am Hause seine Runde
Tritt der Wächter gähnend an,
Rufet aus die Schlafensstunde,
Und sieht ganz erbost uns an.
Doch nach ihrem Kabinette
Schwing ich noch mein Tamburin,
Fahr wohl in dein Himmelbette,
Weil wir mussen weiterziehn!

Der letzte Gruß

Ich kam vom Walde hernieder,
Da stand noch das alte Haus,
Mein Liebchen, sie schaute wieder
Wie sonst zum Fenster hinaus.

Sie hat einen andern genommen,
Ich war draußen in Schlacht und Sieg,
Nun ist alles anders gekommen,
Ich wollt, 's wär wieder erst Krieg.

Am Wege dort spielte ihr Kindlein,
Das glich ihr recht auf ein Haar,
Ich küßt's auf sein rotes Mündlein:
„Gott segne dich immerdar!"

Sie aber schaute erschrocken
Noch lange Zeit nach mir hin,
Und schüttelte sinnend die Locken
Und wußte nicht, wer ich bin. –

Da droben hoch stand ich am Baume,
Da rauschten die Wälder so sacht,
Mein Waldhorn, das klang wie im Traume
Hinüber die ganze Nacht.

Und als die Vögelein sangen
Frühmorgens, sie weinte so sehr,
Ich aber war weit schon gegangen,
Nun sieht sie mich nimmermehr!

Verlorene Liebe

Lieder schweigen jetzt und Klagen,
Nun will ich erst fröhlich sein,
All mein Leid will ich zerschlagen
Und Erinnern – gebt mir Wein!
Wie er mir verlockend spiegelt
Sterne und der Erde Lust,
Stillgeschäftig dann entriegelt
All die Teufel in der Brust,
Erst der Knecht und dann der Meister,
Bricht er durch die Nacht herein,
Wildester der Lügengeister,
Ring mit mir, ich lache dein!
Und den Becher voll Entsetzen
Werf ich in des Stromes Grund,
Daß sich nimmer dran soll letzen
Wer noch fröhlich und gesund!

Lauten hör ich ferne klingen,
Lustge Bursche ziehn vom Schmaus,
Ständchen sie den Liebsten bringen,
Und das lockt mich mit hinaus.
Mädchen hinterm blühnden Baume
Winkt und macht das Fenster auf,
Und ich steige wie im Traume
Durch das kleine Haus hinauf.
Schüttle nur die dunklen Locken
Aus dem schönen Angesicht!
Sieh, ich stehe ganz erschrocken:
Das sind ihre Augen licht,

Locken hatte sie wie deine,
Bleiche Wangen, Lippen rot –
Ach, du bist ja doch nicht meine,
Und mein Lieb ist lange tot!
Hättest du nur nicht gesprochen
Und so frech geblickt nach mir,
Das hat ganz den Traum zerbrochen
Und nun grauet mir vor dir.
Da nimm Geld, kauf Putz und Flimmern,
Fort und lache nicht so wild!
O ich möchte dich zertrümmern,
Schönes, lügenhaftes Bild!

Spät von dem verlornen Kinde
Kam ich durch die Nacht daher,
Fahnen drehten sich im Winde,
Alle Gassen waren leer.
Oben lag noch meine Laute
Und mein Fenster stand noch auf,
Aus dem stillen Grunde graute
Wunderbar die Stadt herauf.
Draußen aber blitzts vom weiten,
Alter Zeiten ich gedacht´,
Schaudernd reiß ich in den Saiten
Und ich sing die halbe Nacht.
Die verschlafnen Nachbarn sprechen,
Daß ich nächtlich trunken sei –
O du mein Gott! und mir brechen
Herz und Saitenspiel entzwei!

Das Ständchen

Auf die Dächer zwischen blassen
Wolken schaut der Mond herfür,
Ein Student dort auf den Gassen
Singt vor seiner Liebsten Tür.

Und die Brunnen rauschen wieder
Durch die stille Einsamkeit,
Und der Wald vom Berge nieder,
Wie in alter, schöner Zeit.

So in meinen jungen Tagen
Hab ich manche Sommernacht
Auch die Laute hier geschlagen
Und manch lust'ges Lied erdacht.

Aber von der stillen Schwelle
Trugen sie mein Lieb zur Ruh,
Und du, fröhlicher Geselle,
Singe, sing nur immer zu!

Klang um Klang

1.

Es ist ein Klang gekommen
Herüber durch die Luft,
Der Wind hat's gebracht und genommen,
Ich weiß nicht, wer mich ruft.
Es schallt der Grund von Hufen,
In der Ferne fiel ein Schuß –

Das sind die Jäger, die rufen,
Daß ich hinunter muß!

2.

Das sind nicht die Jäger – im Grunde
Gehn Stimmen hin und her.
Hüt dich zu dieser Stunde,
Mein Herz ist mir so schwer!
Wer dich liebhat, macht die Runde,
Steig nieder und frag nicht, wer!
Ich führ dich aus diesem Grunde –
Dann siehst du mich nimmermehr.

3.

Ich weiß einen großen Garten,
Wo die wilden Blumen stehn,
Die Engel frühmorgens sein warten,
Wenn alles noch still auf den Höhn.
Manch zackiges Schloß steht darinne,
Die Rehe grasen ums Haus,
Da sieht man weit von der Zinne,
Weit über die Länder hinaus.

Frühlingsnacht

Übern Garten durch die Lüfte
Hört ich Wandervögel ziehn,
Das bedeutet Frühlingsdüfte,
Unten fängt's schon an zu blühn.

Jauchzen möcht ich, mochte weinen,
Ist mir's doch, als könnt's nicht sein!
Alte Wunder wieder scheinen
Mit dem Mondesglanz herein.

Und der Mond, die Sterne sagen's,
Und in Träumen rauscht's der Hain,
Und die Nachtigallen schlagen's:
Sie ist Deine, sie ist dein!

Verschwiegene Liebe

Über Wipfel und Saaten
In den Glanz hinein –
Wer mag sie erraten,
Wer holte sie ein?
Gedanken sich wiegen,
Die Nacht ist verschwiegen,
Gedanken sind frei.

Errät' es nur eine,
Wer an sie gedacht,
Beim Rauschen der Haine,
Wenn niemand mehr wacht,
Als die Wolken, die fliegen –
Mein Lieb ist verschwiegen
Und schön wie die Nacht.
Über Geld und rote Streifen…

Über gelb und rote Streifen...

Ziehen hoch die Vögel fort.
Trostlos die Gedanken schweifen,
Ach! sie finden keinen Port,
Und der Hörner dunkle Klagen
Einsam nur ans Herz dir schlagen.

Siehst du blauer Berge Runde
Ferne überm Walde stehn,
Bäche in dem stillen Grunde
Rauschend nach der Ferne gehn?
Wolken, Bäche, Vögel munter,
Alles ziehet mit hinunter.

Golden meine Locken wallen,
Süß mein junger Leib noch blüht –
Bald ist Schönheit auch verfallen,
Wie des Sommers Glanz verglüht,
Jugend muß die Blüten neigen,
Rings die Hörner alle schweigen.

Schlanke Arme zu umarmen,
Roten Mund zum süßen Kuß,
Weiße Brust, dran zu erwarmen,
Reichen, vollen Liebesgruß
Bietet dir der Hörner Schallen,
Süßer! komm, eh sie verhallen!

Nachtzauber

Hörst du nicht die Quellen gehen
Zwischen Stein und Blumen weit
Nach den stillen Waldesseen,
Wo die Marmorbilder stehen
In der schönen Einsamkeit?
Von den Bergen sacht hernieder,
Weckend die uralten Lieder,
Steigt die wunderbare Nacht,
Und die Gründe glänzen wieder,
Wie dus oft im Traum gedacht.

Kennst die Blume du, entsprossen
In dem mondbeglänzten Grund?
Aus der Knospe, halb erschlossen,
Junge Glieder blühend sprossen,
Weiße Arme, roter Mund,
Und die Nachtigallen schlagen,
Und rings hebt es an zu klagen,
Ach, vor Liebe todeswund,
Von versunknen schönen Tagen –
Komm, o komm zum stillen Grund!

Die Einsame

1.

Wenn morgens das fröhliche Licht bricht ein,
Tret ich zum offenen Fensterlein,
Draußen gehn lau die Lüft auf den Auen,
Singen die Lerchen schon hoch im Blauen,

Rauschen am Fenster die Bäume gar munter,
Ziehn die Brüder in den Wald hinunter;
Und bei dem Sange und Hörnerklange
Wird mir immer so bange, bange.

Wüßt ich nur immer, wo du jetzo bist,
Würd mir schon wohler auf kurze Frist.
Könntest du mich nur über die Berge sehen
Dein gedenkend im Garten gehen:
Dort rauschen die Brunnen jetzt alle so eigen,
Die Blumen vor Trauern im Wind sich neigen.
Ach! von den Vöglein über die Tale
Sei mir gegrüßt vieltausend Male!

Du sagtest gar oft: "Wie süß und rein
Sind deine blauen Äugelein!"
Jetzo müssen sie immerfort weinen,
Da sie nicht finden mehr, was sie meinen;
Wird auch der rote Mund erblassen,
Seit du mich, süßer Buhle, verlassen.
Eh du wohl denkst, kann das Blatt sich wenden,
Geht alles gar bald zu seinem Ende.

2.

Wär's dunkel, ich läg im Walde,
Im Walde rauscht's so sacht,
Mit ihrem Sternenmantel
Bedecket mich da die Nacht,
Da kommen die Bächlein gegangen:
Ob ich schon schlafen tu?
Ich schlaf nicht, ich hör noch lange
Den Nachtigallen zu,

Wenn die Wipfel über mir schwanken,
Es klinget die ganze Nacht,
Das sind im Herzen die Gedanken,
Die singen, wenn niemand wacht.

3.

Im beschränkten Kreis der Hügel,
Auf des stillen Weihers Spiegel
Scheue, fromme Silberschwäne –
Fassend in des Rosses Mähne
Mit dem Liebsten kühn im Bügel –
Blöde Bande – mut'ge Flügel
Sind getrennter Lieb Gedanken!

An Luise

Ich wollt in Liedern oft dich preisen,
Die wunderstille Güte,
Wie du ein halbverwildertes Gemüte
Dir liebend hegst und heilst auf tausend süße Weisen,
Des Mannes Unruh und verworrnem Leben
Durch Tränen lächelnd bis zum Tod ergeben.

Doch wie den Blick ich dichtend wende,
So schön still in stillem Harme
Sitzt du vor mir, das Kindlein auf dem Arme,
Im blauen Auge Treu und Frieden ohne Ende,
Und alles lass ich, wenn ich dich so schaue –
Ach, wen Gott lieb hat, gab er solche Fraue!

Der junge Ehemann

Hier unter dieser Linde
Saß ich vieltausendmal
Und schaut nach meinem Kinde
Hinunter in das Tal,
Bis daß die Sterne standen
Hell über ihrem Haus,
Und weit in den stillen Landen
Alle Lichter löschten aus.

Jetzt neben meinem Liebchen
Sitz ich im Schatten kühl,
Sie wiegt ein muntres Bübchen,
Die Täler schimmern schwül,
Und unten im leisen Winde
Regt sich das Kornfeld kaum,
Und über uns säuselt die Linde –
Es ist mir noch wie ein Traum.

Zum Abschied meiner Tochter

Der Herbstwind schüttelt die Linde,
Wie geht die Welt so geschwinde!
Halte dein Kindlein warm.
Der Sommer ist hingefahren,
Da wir zusammen waren –
Ach, die sich lieben, wie arm!

Wie arm, die sich lieben und scheiden!
Das haben erfahren wir beiden,
Mir graut vor dem stillen Haus.

Dein Tüchlein noch läßt du wehen,
Ich kann's vor Tränen kaum sehen,
Schau still in die Gasse hinaus.

Die Gassen schauen noch nächtig,
Es rasselt der Wagen bedächtig –
Nun plötzlich rascher der Trott
Durchs Tor in die Stille der Felder,
Da grüßen so mutig die Wälder,
Lieb Töchterlein, fahre mit Gott!

Auf meines Kindes Tod

1.

Das Kindlein spielt' draußen im Frühlingsschein,
Und freut' sich und hatte so viel zu sehen,
Wie die Felder schimmern und die Ströme gehen –
Da sah der Abend durch die Bäume herein,
Der alle die schönen Bilder verwirrt.
Und wie es nun ringsum so stille wird,
Beginnt aus den Tälern ein heimlich Singen,
Als wollt's mit Wehmut die Welt umschlingen,
Die Farben vergehn und die Erde wird blaß.
Voll Staunen fragt 's Kindlein: "Ach, was ist das?"
Und legt sich träumend ins säuselnde Gras;
Da rühren die Blumen ihm kühle ans Herz
Und lächelnd fühlt es so süßen Schmerz,
Und die Erde, die Mutter, so schön und bleich,
Küßt das Kindlein und läßt's nicht los,
Zieht es herzinnig in ihren Schoß
Und bettet es drunten gar warm und weich,
Still unter Blumen und Moos. –

„Und was weint ihr, Vater und Mutter, um mich?
In einem viel schöneren Garten bin ich,
Der ist so groß und weit und wunderbar,
Viel Blumen stehn dort von Golde klar,
Und schöne Kindlein mit Flügeln schwingen
Auf und nieder sich drauf und singen. –
Die kenn ich gar wohl aus der Frühlingszeit,
Wie sie zogen über Berge und Täler weit
Und mancher mich da aus dem Himmelblau rief,
Wenn ich drunten im Garten schlief. –
Und mitten zwischen den Blumen und Scheinen
Steht die schönste von allen Frauen,
Ein glänzend Kindlein an ihrer Brust. –
Ich kann nicht sprechen und auch nicht weinen,
Nur singen immer und wieder dann schauen
Still vor großer, seliger Lust."

2.

Was ist mir denn so wehe?
Es liegt ja wie im Traum
Der Grund schon, wo ich stehe,
Die Wälder säuseln kaum
Noch von der dunklen Höhe.
Es komme wie es will,
Was ist mir denn so wehe –
Wie bald wird alles still.

3.

Von fern die Uhren schlagen,
Es ist schon tiefe Nacht,
Die Lampe brennt so düster,
Dein Bettlein ist gemacht.
Die Winde nur noch gehen

Wehklagend um das Haus,
Wir sitzen einsam drinne
Und lauschen oft hinaus.

Es ist, als müßtest leise
Du klopfen an die Tür,
Du hättst dich nur verirret,
Und kämst nun müd zurück.
Wir armen, armen Toren!
Wir irren ja im Graus
Des Dunkels noch verloren –
Du fandst dich längst nach Haus.

In der Fremde

Aus der Heimat hinter den Blitzen rot
Da kommen die Wolken her,
Aber Vater und Mutter sind lange tot,
Es kennt mich dort keiner mehr.

Wie bald, wie bald kommt die stille Zeit,
Da ruhe ich auch, und über mir
Rauschet die schöne Waldeinsamkeit
Und keiner mehr kennt mich auch hier.

Götterdämmerung

1.

Was klingt mir so heiter
Durch Busen und Sinn?

Zu Wolken und weiter,
Wo trägt es mich hin?

Wie auf Bergen hoch bin ich
So einsam gestellt
Und grüße herzinnig,
Was schön auf der Welt.

Ja, Bacchus, dich seh ich,
Wie göttlich bist du!
Dein Glühen versteh ich,
Die träumende Ruh.

O rosenbekränztes
Jünglingsbild,
Dein Auge, wie glänzt es,
Die Flammen so mild!

Ist's Liebe, ist's Andacht,
Was so dich beglückt?
Rings Frühling dich anlacht,
Du sinnest entzückt. –

Frau Venus, du Frohe,
So klingend und weich,
In Morgenrots Lohe
Erblick ich dein Reich

Auf sonnigen Hügeln
Wie ein Zauberring. –
Zart' Bübchen mit Flügeln
Bedienen dich flink,

Durchsäuseln die Räume
Und laden, was fein,
Als goldene Träume
Zur Königin ein.

Und Ritter und Frauen
Im grünen Revier
Durchschwärmen die Auen
Wie Blumen zur Zier.

Und jeglicher hegt sich
Sein Liebchen im Arm,
So wirrt und bewegt sich
Der selige Schwarm. –

Die Klänge verrinnen,
Es bleichet das Grün,
Die Frauen stehn sinnend,
Die Ritter schaun kühn.

Und himmlisches Sehnen
Geht singend durchs Blau,
Da schimmert von Tränen
Rings Garten und Au. –

Und mitten im Feste
Erblick ich, wie mild!
Den stillsten der Gäste. –
Woher, einsam Bild?

Mit blühendem Mohne,
Der träumerisch glänzt,

Und mit Lilienkrone
Erscheint er bekränzt.

Sein Mund schwillt zum Küssen
So lieblich und bleich,
Als brächt er ein Grüßen
Aus himmlischem Reich.

Eine Fackel wohl trägt er,
Die wunderbar prangt.
"Wo ist einer", frägt er,
"Dem heimwärts verlangt?"

Und manchmal da drehet
Die Fackel er um –
Tiefschauernd vergehet
Die Welt und wird stumm.

Und was hier versunken
Als Blumen zum Spiel,
Siehst oben du funkeln
Als Sterne nun kühl. –

O Jüngling vom Himmel,
Wie bist du so schön!
Ich laß das Gewimmel,
Mit dir will ich gehn!

Was will ich noch hoffen?
Hinauf, ach hinauf!
Der Himmel ist offen,
Nimm, Vater, mich auf!

2.

Von kühnen Wunderbildern
Ein großer Trümmerhauf,
In reizendem Verwildern
Ein blühnder Garten drauf;

Versunknes Reich zu Füßen,
Vom Himmel fern und nah,
Aus anderm Reich ein Grüßen –
Das ist Italia!

Wenn Frühlingslüfte wehen
Hold übern grünen Plan,
Ein leises Auferstehen
Hebt in den Tälern an.
Da will sich's unten rühren
Im stillen Göttergrab,
Der Mensch kann's schauernd spüren
Tief in die Brust hinab.

Verwirrend in den Bäumen
Gehn Stimmen hin und her,
Ein sehnsuchtsvolles Träumen
Weht übers blaue Meer.

Und unterm duft'gen Schleier
Sooft der Lenz erwacht,
Webt in geheimer Feier
Die alte Zaubermacht.

Frau Venus hört das Locken,
Der Vögel heitern Chor,

Und richtet froh erschrocken
Aus Blumen sich empor.

Sie sucht die alten Stellen,
Das luft'ge Säulenhaus,
Schaut lächelnd in die Wellen
Der Frühlingsluft hinaus.

Doch öd sind nun die Stellen,
Stumm liegt ihr Säulenhaus,
Gras wächst da auf den Schwellen,
Der Wind zieht ein und aus.

Wo sind nun die Gespielen?
Diana schläft im Wald,
Neptunus ruh im kühlen
Meerschloß, das einsam hallt.

Zuweilen nur Sirenen
Noch tauchen aus dem Grund,
Und tun in irren Tönen
Die tiefe Wehmut kund. –

Sie selbst muß sinnend stehen
So bleich im Frühlingsschein,
Die Augen untergehen,
Der schöne Leib wird Stein. –

Denn über Land und Wogen
Erscheint, so still und mild,
Hoch auf dem Regenbogen
Ein andres Frauenbild.

Ein Kindlein in den Armen
Die Wunderbare hält,
Und himmlisches Erbarmen
Durchdringt die ganze Welt.

Da in den lichten Räumen
Erwacht das Menschenkind,
Und schüttelt böses Träumen
Von seinem Haupt geschwind.

Und, wie die Lerche singend,
Aus schwülen Zaubers Kluft
Erhebt die Seele ringend
Sich in die Morgenluft.

Aus: Jugendandacht

Daß des verlornen Himmels es gedächte,
Schlagen ans Herz des Frühlings linde Wellen,
Wie ew'ger Wonnen schüchternes Vermuten.
Geheimer Glanz der lauen Sommernächte,
Du grüner Wald, verführend Lied der Quellen,
Des Morgens Pracht, stillblühnde Abendgluten,
Ihr fragt: wo Schmerz und Lust so lange ruhten,
Die süß das Herz verdunkeln und es hellen?
Wie tut ihr zaubrisch auf die alten Wunden,
Daß losgebunden in das Licht sie bluten!
O sel'ge Zeit entfloßner Himmelbläue,
Der ersten Andacht solch inbrünst'ger Liebe,
Die ewig wollte knien vor der Einen!
Demütig in der Glorie des Maien

Hob sie den Schleier oft, laß offen bliebe
Der Augen Himmel, in das Land zu scheinen.
Und stand ich still, und mußt ich herzlich weinen;
In ihrem Blick gereinigt alle Triebe:
Da war nur Wonne, was ich mußte klagen,
Im Angesicht der Stillen, Ewigreinen
Kein Schmerz, als solcher Liebe Lieb ertragen!

Morgengebet

O wunderbares, tiefes Schweigen,
Wie einsam ist's noch auf der Welt!
Die Wälder nur sich leise neigen,
Als ging' der Herr durchs stille Feld.

Ich fühl mich recht wie neu geschaffen
Wo ist die Sorge nun und Not?
Was mich noch gestern wollt erschlaffen,
Ich schäm mich des im Morgenrot.

Die Welt mit ihrem Gram und Glücke
Will ich, ein Pilger, frohbereit
Betreten nur wie eine Brücke
Zu dir, Herr, übern Strom der Zeit.

Und buhlt mein Lied, auf Weltgunst lauernd,
Um schnöden Sold der Eitelkeit:
Zerschlag mein Saitenspiel, und schauernd
Schweig ich vor dir in Ewigkeit.

Mittag

Vergeht mir der Himmel
Vor Staube schier,
Herr, im Getümmel
zeig dein Panier!

Wie schwank ich sündlich,
läßt du von mir!
Unüberwindlich
Bin ich mit dir!

Abend

Gestürzt sind die goldnen Brücken
Und unten und oben so still!
Es will mir nichts mehr glücken,
Ich weiß nicht mehr, was ich will.

Von üppig blühenden Schmerzen
Rauscht eine Wildnis im Grund,
Da spielt wie in wahnsinnigen Scherzen
Das Herz an dem schwindligen Schlund. –

Die Felsen möchte ich packen
Vor Zorn und Wehe und Lust,
Und unter den brechenden Zacken
Begraben die wilde Brust.

Da kommt der Frühling gegangen,
Wie ein Spielmann aus alter Zeit,

Und singt von uraltem Verlangen
So treu durch die Einsamkeit.

Und über mir Lerchenlieder
Und unter mir Blumen bunt,
So werf ich im Grase mich nieder
Und weine aus Herzensgrund.

Da fühl ich ein tiefes Entzücken,
Nun weiß ich wohl, was ich will,
Es bauen sich andere Brücken,
Das Herz wird auf einmal still.

Der Abend streut rosige Flocken,
Verhüllet die Erde nun ganz,
Und durch des Schlummernden Locken
Ziehn Sterne den heiligen Kranz.

In der Nacht

Wie rauscht so sacht
Durch alle Wipfel
Die stille Nacht,
Hat Tal und Gipfel
Zur Ruh gebracht.
Nur der Mensch in Träumen
Sinnt fort, was er bei Tag gedacht,
Weiß nichts von dem Lied in den Bäumen
Und von des Himmels Pracht,
Der in den stillen Räumen
Über allen wacht.

Werktag

Wir wandern nun schon viel hundert Jahr,
Und kommen doch nicht zur Stelle –
Der Strom wohl rauscht an die tausend gar,
und kommt doch nicht zur Quelle.

Sonntag

Weit in das Land die Ström ihr Silber führen,
Fern blau Gebirge duftig hingezogen,
Die Sonne scheint, die Bäume sanft sich rühren
Und Glockenklang kommt auf den linden Wogen;
Hoch in den Lüften Lerchen jubilieren,
Und, soweit klar sich wölbt des Himmels Bogen,
Von Arbeit ruht der Mensch rings in die Runde,
Atmet zum Herren auf aus Herzensgrunde.

Herbst

Es ist nun der Herbst gekommen,
Hat das schöne Sommerkleid
Von den Feldern weggenommen
Und die Blätter ausgestreut,
Vor dem bösen Winterwinde
Deckt er warm und sachte zu
Mit dem bunten Laub die Gründe,
Die schon müde gehn zur Ruh.

Durch die Felder sieht man fahren
Eine wunderschöne Frau,

Und von ihren langen Haaren
Goldne Fäden auf der Au
Spinnet sie und singt im Gehen:
Eia, meine Blümelein,
Nicht nach andern immer sehen,
Eia, schlafet, schlafet ein.

Und die Vöglein hoch in Lüften
Über blaue Berg und Seen
Ziehn zur Ferne nach den Klüften,
Wo die hohen Zedern stehn,
Wo mit ihren goldnen Schwingen
Auf des Benedeiten Gruft
Engel Hosianna singen
Nächtens durch die stille Luft.

Der Soldat

Und wenn es einst dunkelt,
Der Erd bin ich satt,
Durcht Abendbrot funkelt
Eine prächtge Stadt:
Von den goldenen Türmen
Singet der Chor,
Wir aber stürmen
Das himmlische Tor.

Der Wächter

Nächtlich macht der Herr die Rund,
Sucht die Seinen unverdrossen,

Aber überall verschlossen
Trifft er Tür und Herzensgrund,
Und er wendet sich voll Trauer:
Niemand ist, der mit mir wacht. –
Nur der Wald vernimmt's mit Schauer,
Rauschet fromm die ganze Nacht.

Waldwärts durch die Einsamkeit
Hört ich über Tal und Klüften
Glocken in den stillen Lüften,
Wie aus fernem Morgen weit –
An die Tore will ich schlagen,
An Palast und Hütten: Auf!
Flammend schon die Gipfel ragen,
Wachet auf, wacht auf, wacht auf!

Gottes Segen

Das Kind ruht aus vom Spielen,
Am Fenster rauscht die Nacht,
Die Engel Gotts im Kühlen
Getreulich halten Wacht.

Am Bettlein still sie stehen,
Der Morgen graut noch kaum.
Sie küssen's, eh sie gehen,
Das Kindlein lacht im Traum.

Der Umkehrende

1.

Du sollst mich doch nicht fangen,
Duftschwüle Zaubernacht!
Es stehn mit goldnem Prangen
Die Stern auf stiller Wacht,
Und machen überm Grunde,
Wo du verirret bist,
Getreu die alte Runde –
Gelobt sei Jesus Christ!

Wie bald in allen Bäumen
Geht nun die Morgenluft,
Sie schütteln sich in Träumen,
Und durch den roten Duft
Eine fromme Lerche steiget,
Wenn alles still noch ist,
Den rechten Weg dir zeiget –
Gelobt sei Jesus Christ!

2.

Hier bin ich, Herr! Gegrüßt das Licht,
Das durch die stille Schwüle
Der müden Brust gewaltig bricht
Mit seiner strengen Kühle.
Nun bin ich frei! Ich taumle noch
Und kann mich noch nicht fassen –
O Vater, du erkennst mich doch,
Und wirst nicht von mir lassen!

3.

Was ich wollte, liegt zerschlagen,
Herr, ich lasse ja das Klagen,
Und das Herz ist still.
Nun aber gib auch Kraft, zu tragen,
Was ich nicht will!

4.

Es wandelt, was wir schauen,
Tag sinkt ins Abendrot,
Die Lust hat eignes Grauen,
Und alles hat den Tod.

Ins Leben schleicht das Leiden
Sich heimlich wie ein Dieb,
Wir alle müssen scheiden
Von allem, was uns lieb.
Was gäb es doch auf Erden,
Wer hielt' den Jammer aus,

Wer möcht geboren werden,
Hieltst du nicht droben Haus!
Du bist's, der, was wir bauen,
Mild über uns zerbricht,
Daß wir den Himmel schauen –
Darum so klag ich nicht.

5.

Waldeinsamkeit!
Du grünes Revier,
Wie liegt so weit
Die Welt von hier!

Schlaf nur, wie bald
Kommt der Abend schön,
Durch den stillen Wald
Die Quellen gehn,
Die Mutter Gottes wacht,
Mit ihrem Sternenkleid
Bedeckt sie dich sacht
In der Waldeinsamkeit,
Gute Nacht, gute Nacht! –

Gebet

Gott, inbrünstig möcht ich beten,
Doch der Erde Bilder treten
Immer zwischen dich und mich,
Und die Seele muß mit Grauen
Wie in einen Abgrund schauen,
Strenger Gott, ich fürchte dich!

Ach, so brich auch meine Ketten!
Alle Menschen zu erretten,
Gingst du ja in bittern Tod.
Irrend an der Hölle Toren,
Ach, wie bald bin ich verloren,
Hilfst du nicht in meiner Not!

Der Pilger

1.

Man setzt uns auf die Schwelle,
Wir wissen nicht, woher?

Da glüht der Morgen helle,
Hinaus verlangt uns sehr.
Der Erde Klang und Bilder,
Tiefblaue Frühlingslust,
Verlockend wild und wilder,
Bewegen da die Brust.
Bald wird es rings so schwüle,
Die Welt eratmet kaum,
Berg', Schloß und Wälder kühle
Stehn lautlos wie im Traum,
Und ein geheimes Grausen
Beschleichet unsern Sinn:
Wir sehnen uns nach Hause
Und wissen nicht, wohin?

2.

Dein Wille, Herr, geschehe!
Verdunkelt schweigt das Land,
Im Zug der Wetter sehe
Ich schauernd deine Hand.
O mit uns Sündern gehe
Erbarmend ins Gericht!
Ich beug im tiefsten Wehe
Zum Staub mein Angesicht,
Dein Wille, Herr, geschehe!

3.

Schlag mit den flamm'gen Flügeln!
Wenn Blitz aus Blitz sich reißt:
Steht wie in Rossesbügeln
So ritterlich mein Geist.

Waldesrauschen, Wetterblicken
Macht recht die Seele los,
Da grüßt sie mit Entzücken,
Was wahrhaft, ernst und groß.

Es schiffen die Gedanken
Fern wie auf weitem Meer,
Wie auch die Wogen schwanken:
Die Segel schwellen mehr.

Herr Gott, es wacht dein Wille,
Ob Tag und Lust verwehn,
Mein Herz wird mir so stille
Und wird nicht untergehn.

4.

So laß herein nun brechen
Die Brandung, wie sie will,
Du darfst ein Wort nur sprechen,
So wird der Abgrund still;
Und bricht die letzte Brücke,
Zu dir, der treulich steht,
Hebt über Not und Glücke
Mich einsam das Gebet.

5.

Wie ein todeswunder Streiter,
Der den Weg verloren hat,
Schwank ich nun und kann nicht weiter,
Von dem Leben sterbensmatt.
Nacht schon decket alle Müden
Und so still ist's um mich her,

Herr, auch mir gib endlich Frieden,
Denn ich wünsch und hoff nichts mehr.

6.

Wie oft wollt mich die Welt ermüden,
Ich beugt aufs Schwert mein Angesicht
Und bat dich frevelhaft um Frieden –
Du wußtest's besser, gabst ihn nicht.

Ich sah in Nacht das Land vergehen,
In Blitzen du die Wetter brachst,
Da konnt ich schauernd erst verstehen,
Was du zu mir Erschrocknem sprachst:

"Meine Lieder sind nicht deine Lieder
Leg ab den falschen Schmuck der Zeit
Und nimm das Kreuz, dann komme wieder
In deines Herzens Einsamkeit."

Und alle Bilder ferne treten,
Und tief noch rauschet kaum die Rund –
Wie geht ein wunderbares Beten
Mir leuchtend durch der Seele Grund!

Der Einsiedler

Komm, Trost der Welt, Du stille Nacht!
Wie steigst Du von den Bergen sacht,
Die Lüfte alle schlafen,
Ein Schiffer nur noch, wandermüd,
Singt übers Meer sein Abendlied
Zu Gottes Lob im Hafen.

Die Jahre wie die Wolken gehn
Und lassen mich hier einsam stehn,
Die Welt hat mich vergessen,
Da tratst Du wunderbar zu mir,
Wenn ich beim Waldesrauschen hier
Gedankenvoll gesessen.

O Trost der Welt, Du stille Nacht!
Der tag hat mich so müd gemacht,
Das weite Meer schon dunkelt,
lass ausruhn mich von Lust und Not,
Bis dass das ew'ge Morgenrot
Den stillen Wald durchfunkelt.

Der Maler

Aus Wolken, eh im nächt'gen Land
Erwacht die Kreaturen,
Langt Gottes Hand,
Zieht durch die stillen Fluren
Gewaltig die Konturen,
Strom, Wald und Felsenwand.
 Wach auf, wach auf! die Lerche ruft,
Aurora taucht die Strahlen
Verträumt in Duft,
Beginnt auf Berg und Talen
Ringsum ein himmlisch Malen
In Meer und Land und Luft.

Und durch die Stille, lichtgeschmückt,
Aus wunderbaren Locken

Ein Engel blickt. –
Da rauscht der Wald erschrocken,
Da gehn die Morgenglocken,
Die Gipfel stehn verzückt.
 O lichte Augen, ernst und mild,
Ich kann nicht von euch lassen!
Bald wieder wild
Stürmt's her von Sorg und Hassen –
Durch die verworrnen Gassen
Führ mich, mein göttlich Bild!

Ostern

Vom Münster Trauerglocken klingen,
Vom Tal ein Jauchzen schallt herauf.
Zur Ruh sie dort dem Toten singen,
Die Lerchen jubeln: wache auf!
Mit Erde sie ihn still bedecken,
Das Grün aus allen Gräbern bricht,
Die Ströme hell durchs Land sich strecken,
Der Wald ernst wie in Träumen spricht,
Und bei den Klängen, Jauchzen, Trauern,
So weit ins Land man schauen mag,
Es ist ein tiefes Frühlingsschauern
Als wie ein Auferstehungstag.

Weihnachten

Markt und Straßen steh'n verlassen,
Still erleuchtet jedes Haus,

Sinnend geh' ich durch die Gassen,
Alles sieht so festlich aus.

An den Fenstern haben Frauen
Buntes Spielzeug fromm geschmückt,
Tausend Kindlein steh'n und schauen,
Sind so wunderstill beglückt.

Und ich wandre aus den Mauern
Bis hinaus in's freie Feld,
Hehres Glänzen, heil'ges Schauern!
Wie so weit und still die Welt!

Sterne hoch die Kreise schlingen,
Aus des Schnees Einsamkeit
Steigt's wie wunderbares Singen –
O du gnadenreiche Zeit!

Abschied

Abendlich schon raucht der Wald
Aus den tiefen Gründen,
Droben wird der Herr nun bald
An die Sterne zünden,
wie so stille in den Schlünden,
Abendlich nur rauscht der Wald.
Alles geht zu seiner Ruh',
Wald und Welt versausen,
Schauernd hört der wandrer zu,
Sehnt sich recht nach Hause,
Hier in Waldes grüner Klause
Herz, geh endlich auch zur Ruh!

Glück auf

Gar viel hab ich versucht, gekämpft, ertragen;
Das ist der tiefen Sehnsucht Lebenslauf,
daß brünstig sie an jeden Fels muß schlagen,
Ob sich des Lichtes Gnadentür tät auf,
Wie ein verschütt'ter Bergmann in den Klüften
Heraus Sich hauet zu den heitern Lüften.

Auch ich gelang einst zu den stillen Gipfel,
Vor dem mich schaudert in geheimer Luft.
Tief unten rauschen da des Leben Wipfel
Noch einmal dunkelrührend an die Brust,
Dann wird es unten still im weiten Grunde
Und oben leuchtet streng des Himmels Runde.

Wie klein wird sein da, was mich hat gehalten,
wie wenig, was ich Irrender vollbracht,
Doch was den Felsen gläubig hat gespalten:
Die Sehnsucht treu steigt mit mir aus der Nacht
Und legt mir an die wunderbaren Schwingen,
Die durch die Stille mich nach Hause bringen.

Nachtlied

Vergangen ist der lichte Tag,
Von ferne kommt der Glocken Schlag;
So reist die Zeit die ganze Nacht,
Nimmt manchen mit, der's nicht gedacht.

Wo ist nun hin die bunte Lust,
Des Freundes Trost und treue Brust,

Des Weibes süßer Augenschein?
Will keiner mit mir munter sein?

Da's nun so stille auf der Welt,
Ziehn Wolken einsam übers Feld,
Und Feld und Baum besprechen sich –
O Menschenkind! was schauert dich?

Wie weit die falsche Welt auch sei,
Bleibt mir doch Einer nur getreu,
Der mit mir weint, der mit mir wacht,
Wenn ich nur recht an ihn gedacht.

Frisch auf denn, liebe Nachtigall,
Du Wasserfall mit hellem Schall!
Gott loben wollen wir vereint,
Bis daß der lichte Morgen scheint!

Stimmen der Nacht

1.

Weit tiefe, bleiche, stille Felder –
O wie mich das freut,
Über alle, alle Täler, Wälder
Die prächtige Einsamkeit!

Aus der Stadt nur schlagen die Glocken
Über die Wipfel herein,
Ein Reh hebt den Kopf erschrocken
Und schlummert gleich wieder ein.

Der Wald aber rühret die Wipfel
Im Schlaf von der Felsenwand,
Denn der Herr geht über die Gipfel
Und segnet das stille Land.

2.

Nächtlich wandern alle Flüsse
Und der Himmel, Stern auf Stern,
Sendet so viel tausend Grüße,
Daß die Wälder nah und fern
Schauernd rauschen in den Gründen;
Nur der Mensch, dem Tod geweiht,
Träumet fort von seinen Sünden
In der stillen Gnadenzeit.

Herbstweh

1.

So still in den Feldern allen,
Der Garten ist lange verblüht,
Man hört nur flüsternd die Blätter fallen,
Die Erde schläfert – ich bin so müd.

2.

Es schüttelt die welken Blätter der Wald,
Mich friert, ich bin schon alt,
Bald kommt der Winter und fällt der Schnee,
Bedeckt den Garten und mich und alles, alles Weh.

Dank

Mein Gott, dir sag ich Dank,
Daß du die Jugend mir bis über alle Wipfel
In Morgenrot getaucht und Klang,
Und auf des Lebens Gipfel,
Bevor der Tag geendet,
Vom Herzen unbewacht
Den falschen Glanz gewendet,
Daß ich nicht taumle ruhmgeblendet,
Da nun herein die Nacht
Dunkelt in ernster Pracht.

Kurze Fahrt

Posthorn, wie so keck und fröhlich
Brachst du einst den Morgen an,
Vor mir lags so frühlingsselig,
Daß ich still auf Lieder sann.

Dunkel rauscht es schon im Walde,
Wie so abendkühl wirds hier,
Schwager, stoß ins Horn – wie balde
Sind auch wir im Nachtquartier.

So oder so

Die handeln und die dichten,
Das ist der Lebenslauf,
Der eine macht Geschichten,

Der andre schreibt sie auf,
Und der will beide richten;
So schreibt und treibt sich's fort,
Der Herr wird alles schlichten,
Verloren ist kein Wort.

Im Alter

Wie wird nun alles so stille wieder!
So war mir's oft in der Kinderzeit,
Die Bäche gehen rauschend nieder
Durch die dämmernde Einsamkeit,
Kaum noch hört man einen Hirten singen,
Aus allen Dörfern, Schluchten, weit
Die Abendglocken herüberklingen,
Versunken nun mit Lust und Leid
Die Täler, die noch einmal blitzen,
Nur hinter dem stillen Walde weit
Noch Abendröte an den Bergesspitzen,
Wie Morgenrot der Ewigkeit.

Marienlied

Wenn ins Land die Wetter hängen
Und der Mensch erschrocken steht,
Wendet, wie mit Glockenklängen,
Die Gewitter dein Gebet,
Und wo aus den grauen Wogen
Weinend auftaucht das Gefild,
Segnest du's vom Regenbogen –
Mutter, ach, wie bist du mild!

Wenn's einst dunkelt auf den Gipfeln
Und der kühle Abend sacht
Niederrauschet in den Wipfeln:
O Maria, heil'ge Nacht!
Lass mich nimmer wie die andern,
Decke zu der letzten Ruh'
Mütterlich den müden Wandrer
Mit dem Sternenmantel zu.

Die Riesen

Hoch über blauen Bergen
Da steht ein schönes Schloss,
Das hütet von Gezwergen
Ein wunderlicher Tross.

Da ist ein Lautenschlagen
Und Singen insgemein,
Die Lüfte es vertragen
Weit in das Land hinein.

Und wenn die Länder schweigen,
Funkelnd im Abendtau,
Soll manchmal dort sich zeigen
Eine wunderschöne Frau.

Da schworen alle Riesen,
Zu holen sie als Braut
Mit Leitern da und Spießen
Sie stapften gleich durchs Kraut.

Da krachte manche Leiter,
Sie wunderten sich sehr:
Die Wildnis wuchs, je weiter
Je höher rings umher.

Sie waren recht bei Stimme
Und zankten um ihren Schatz,
Und fluchten in großem Grimme,
Und fanden nicht den Platz.

Und bei dem Lärm sie stunden
In Wolken bis an die Knie,
Das Schloss, das war verschwunden,
Und wussten gar nicht wie. –

Aber wie ein Regenbogen
Glänzt's droben durch die Luft,
Sie hatt indes gezogen
Neue Gärten in den Duft.

Der Götter Irrfahrt

1.

Unten endlos nichts als Wasser,
Droben Himmel still und weit,
Nur das Götterland, das blasse,
Lag in Meereseinsamkeit,
Wo auf farbenlosen Matten
Gipfel wie in Träumen stehn,
Und Gestalten ohne Schatten
Ewig lautlos sich ergehn.

Zwischen grauen Wolkenschweifen,
Die verschlafen Berg und Flut
Mit den langen Schleiern streifen,
Hoch der Göttervater ruht.
Heut zu fischen ihn gelüstet,
Und vom zack'gen Felsenhang
In des Meeres grüne Wüste
Senket er die Schnur zum Fang.

Sinnend sitzt er, und es flattern
Bart und Haar im Sturme weit,
Und die Zeit wird ihm so lange
In der stillen Ewigkeit.
Da fühlt er die Angel zucken:
»Ei, das ist ein schwerer Fisch!«
Freudig fängt er an zu rucken,
Stemmt sich, zieht und windet frisch.

Sieh, da hebt er Felsenspitzen
Langsam aus der Wasser Grund,
Und erschrocken aus den Ritzen
Schießen schuppge Schlangen bunt;
Ringelnd' Ungetüm' der Tiefen,
Die im öden Wogenhaus
In der grünen Dämmrung schliefen,
Stürzen sich ins Meer hinaus.

Doch der Vater hebt aufs neue,
Und Gebirge, Tal und Strand
Taucht allmählich auf ins Freie,
Und es grünt das junge Land,
Irrend farbge Lichter schweifen

Und von Blumen glänzt die Flur,
Wo des Vaters Blick' sie streifen –
Da zerreißt die Angelschnur.

Wie 'ne liebliche Sirene
Halb nun überm Wellenglanz,
Staunend ob der eignen Schöne,
Schwebt es mit dem Blütenkranz,
Bei der Lüfte lindem Fächeln
Sich im Meer, das rosig brennt,
Spiegelnd mit verschämtem Lächeln –
Erde sie der Vater nennt.

2.

Staunend auf den Göttersitzen
Die Unsterblichen nun stehn,
Sehn den Morgen drüben blitzen,
Fühlen Duft herüberwehn,
Und so süßes Weh sie spüren,
Lösen leis ihr Schiff vom Strand,
Und die Lüfte sie verführen
Fern durchs Meer zum jungen Land.

O wie da die Quellen sprangen
In die tiefe Blütenpracht
Und Lianen dort sich schlangen
Glühend durch die Waldesnacht!
Und die Wandrer trunken lauschen,
Wo die Wasserfälle gehn,
Bis sie in dem Frühlingsrauschen
Plötzlich all erschrocken stehn:

Denn sie sehn zum ersten Male
Nun die Sonne niedergehn
Und verwundert Berg' und Tale
Tief im Abendrote stehn,
Und der schönste Gott von allen
Sank erbleichend in den Duft,
Denn dem Tode ist verfallen,
Wer geatmet irdsche Luft.

Die Genossen faßt ein Grauen,
Und sie fahren weit ins Meer,
Nach des Vaters Haus sie schauen,
Doch sie finden's nimmermehr.
Mußten aus den Wogenwüsten
Ihrer Schiffe Schnäbel drehn
Wieder nach des Eilands Küsten,
Ach, das war so falsch und schön!

Und für immer da verschlagen
Blieben sie im fremden Land,
Hörten nachts des Vaters Klagen
Oft noch fern vom Götterstrand. –
Und nun Kindeskinder müssen
Nach der Heimat sehn ins Meer,
Und es kommt im Wind ein Grüßen,
Und sie wissen nicht woher.

Der Kühne

Und wo noch kein Wandrer gegangen,
Hoch über Jäger und Roß

Die Felsen im Abendrot hangen
Als wie ein Wolkenschloß.

Dort zwischen den Zinnen und Spitzen
Von wilden Nelken umblüht,
Die schönen Waldfrauen sitzen
Und singen im Wind ihr Lied.

Der Jäger schaut nach dem Schlosse:
Die droben das ist mein Lieb! –
Er sprang vom scheuenden Rosse,
Weiß keiner, wo er blieb.

Der Wachtturm

Ich sah im Mondschein liegen
Die Felsen und das Meer,
Ich sah ein Schifflein fliegen
Still durch die Nacht daher.

Ein Ritter saß am Steuer,
Ein Fräulein stand am Bord,
Im Winde weht' ihr Schleier,
Die sprachen kein einzig Wort.

Ich sah verfallen grauen
Das hohe Königshaus,
Den König stehn und schauen
Vom Turm ins Meer hinaus.

Und als das Schiff verschwunden,
Er warf seine Krone nach,

Und aus dem tiefen Grunde
Das Meer wehklagend brach.

Das war der kühne Buhle,
Der ihm sein Kind geraubt,
Der König, der verfluchet
Der eignen Tochter Haupt.

Da hat das Meer mit Toben
Verschlungen Ritter und Maid,
Der König starb da droben
In seiner Einsamkeit.

Nun jede Nacht vor Sturme
Das Schiff vorüberzieht,
Der König von dem Turme
Nach seinem Kinde sieht.

Nachtwanderer

Er reitet nachts auf einem braunen Roß,
Er reitet vorüber an manchem Schloß:
Schlaf droben, mein Kind, bis der Tag erscheint,
Die finstre Nacht ist des Menschen Feind!

Er reitet vorüber an einem Teich,
Da stehet ein schönes Mädchen bleich
Und singt, ihr Hemdlein flattert im Wind:
Vorüber, vorüber, mir graut vor dem Kind!

Er reitet vorüber an einem Fluß,
Da ruft ihm der Wassermann seinen Gruß,

Taucht wieder unter dann mit Gesaus,
Und stille wird's über dem kühlen Haus.

Wenn Tag und Nacht in verworrenem Streit,
Schon Hähne krähen in Dörfern weit,
Da schauert sein Roß und wühlet hinab,
Scharret ihm schnaubend sein eigenes Grab.

Der stille Grund

Der Mondenschein verwirret
die Täler weit und breit,
die Bächlein, wie verirret,
gehn durch die Einsamkeit.

Da drüben sah ich stehen
den Wald auf steiler Höh',
die finstern Tannen sehen
in einen tiefen See.

Ein Kahn wohl sah ich ragen,
doch niemand, der es lenkt,
das Ruder war zerschlagen,
das Schifflein halb versenkt.

Eine Nixe auf dem Steine
flocht dort ihr goldnes Haar,
sie meint', sie wär' alleine,
und sang so wunderbar.

Sie sang und sang, in den Bäumen
und Quellen rauscht' es sacht

und flüsterte wie in Träumen
die mondbeglänzte Nacht.

Ich aber stand erschrocken,
denn über Wald und Kluft
erklangen Morgenglocken
schon ferne durch die Luft.

Und hätt' ich nicht vernommen
den Klang zu guter Stund',
wär' nimmermehr gekommen
aus diesem stillen Grund.

Der Kämpe

Nach drei Jahren kam gefahren
Einsam auf dem Rhein ein Schiff,
Drin gebunden und voll Wunden
Lag ein Rittersmann und rief:

"Still den Garten schön tust warten
Bleibst am Fenster ofte stehn,
Ruhig scheinst du, heimlich weinst du,
Wie die Schiffe unten gehn.

Was vertraust du, warum baust du
Auf der Männer wilde Brust,
Die das Blut ziert und der Streit rührt
Und die schöne Todeslust!"

Oben spinnend, saß sie sinnend –
Schwanden Schiff und Tageslicht,

Was er sunge, war verklungen,
Sie erkannt den Liebsten nicht.

Waldmädchen

Bin ein Feuer hell, das lodert
Von dem grünen Felsenkranz,
Seewind ist mein Buhl und fodert
Mich zum lust'gen Wirbeltanz,
Kommt und wechselt unbeständig.
Steigend wild,
Neigend mild,
Meine schlanken Lohen wend ich:
Komm nicht nach mir, ich verbrenn dich!

Wo die wilden Bäche rauschen
Und die hohen Palmen stehn,
Wenn die Jäger heimlich lauschen,
Viele Rehe einsam gehn.
Bin ein Reh, flieg durch die Trümmer,
Über die Höh,
Wo im Schnee
Still die letzten Gipfel schimmern,
Folg mir nicht, erjagst mich nimmer!

Bin ein Vöglein in den Lüften,
Schwing mich übers blaue Meer,
Durch die Wolken von den Klüften
Fliegt kein Pfeil mehr bis hieher,
Und die Aun und Felsenbogen,
Waldeseinsamkeit
Weit, wie weit,

Sind versunken in die Wogen –
Ach, ich habe mich verflogen!

Der Unbekannte

Vom Dorfe schon die Abendglocken klangen,
Die müden Vöglein gingen auch zur Ruh,
Nur auf den Wiesen noch die Heimchen sangen
Und von den Bergen rauscht' der Wald dazu;
Da kam ein Wandrer durch die Ährenwogen,
Aus fernen Landen schien er hergezogen.

Vor seinem Hause, unter blühnden Lauben
Lud ihn ein Mann zum fröhl'chen Rasten ein,
Die junge Frau bracht Wein und Brot und Trauben,
Setzt dann, umspielt vom letzten Abendschein,
Sich neben ihn und blickt halb scheu, halb lose,
Ein lockig Knäblein lächelnd auf dem Schoße.

Ihr dünkt, er wär schon einst im Dorf gewesen,
Und doch so fremd und seltsam war die Tracht,
In seinen Mienen feur'ge Schrift zu lesen
Gleich Wetterleuchten fern bei stiller Nacht,
Und traf sein Auge sie, wollt ihr fast grauen,
Denn 's war, wie in den Himmelsgrund zu schauen.

Und wie sich kühler nun die Schatten breiten:
Vom Berg Vesuv, der über Trümmern raucht,
Vom blauen Meer, wo Schwäne singend gleiten,
Kristallnen Inseln, blühend draus getaucht,
Und Glocken, die im Meeresgrunde schlagen,
Wußt wunderbar der schöne Gast zu sagen.

„Hast viel erfahren, willst du ewig wandern?"
Sprach drauf sein Wirt mit herzlichem Vertraun,
„Hier kannst du froh genießen wie die andern,
Am eignen Herd dein kleines Gärtchen baun,
Des Nachbars Töchter haben reiche Truhen
Ruh endlich aus, brauchst nicht allein zu ruhen."

 Da stand der Wandrer auf, es blühten Sterne
Schon aus dem Dunkel überm stillen Land,
„Gesegn euch Gott! mein Heimatland liegt ferne. –"
Und als er von den beiden sich gewandt,
Kam himmlisch Klingen von der Waldeswiese –
So sternklar war noch keine Nacht wie diese.

Der stille Freier

Mond, der Hirt, lenkt seine Herde
Einsam übern Wald herauf,
Unten auf der stillen Erde
Wacht verschwiegne Liebe auf.

Fern vom Schlosse Glocken schlagen
Übern Wald her von der Höh
Bringt der Wind den Schall getragen,
Und erschrocken lauscht das Reh.

Nächtlich um dieselbe Stunde
Hallet Hufschlag, schnaubt ein Roß,
Macht ein Ritter seine Runde
Schweigend um der Liebsten Schloß.

Wenn die Morgensterne blinken,
Totenbleich der Hirte wird
Und sie müssen all' versinken:
Reiter, Herde und der Hirt.

Waldgespräch

Es ist schon spät, es wird schon kalt,
Was reit'st du einsam durch den Wald?
Der Wald ist lang, du bist allein,
Du schöne Braut! Ich führ' dich heim!

„Groß ist der Männer Trug und List,
Vor Schmerz mein Herz gebrochen ist,
Wohl irrt das Waldhorn her und hin,
O flieh! Du weißt nicht, wer ich bin."

So reich geschmückt ist Roß und Weib,
So wunderschön der junge Leib,
Jetzt kenn' ich dich – Gott steh' mir bei!
Du bist die Hexe Lorelei.

„Du kennst mich wohl – von hohem Stein
Schaut still mein Schloß tief in den Rhein.
Es ist schon spät, es wird schon kalt,
Kommst nimmermehr aus diesem Wald!"

Die Saale

Doch manchmal in Sommertagen
Durch die schwüle Einsamkeit

Hört man mittags die Turmuhr schlagen,
Wie aus einer fremden Zeit.

Und ein Schiffer zu dieser Stunde
Sah einst eine schöne Frau
Vom Erker schaun zum Grunde –
Er ruderte schneller vor Graun.

Sie schüttelt' die dunklen Locken
Aus ihrem Angesicht:
„Was ruderst du so erschrocken?
Behüt dich Gott, dich mein ich nicht!"

Sie zog ein Ringlein vom Finger,
Warf's tief in die Saale hinein:
„Und der mir es wiederbringet,
Der soll mein Liebster sein!"

Der alte Garten

Kaiserkron und Päonien rot,
Die müssen verzaubert sein,
Denn Vater und Mutter sind lange tot,
Was blühn sie hier so allein?

Der Springbrunnen plaudert noch immerfort
Von der alten schönen Zeit,
Eine Frau sitzt eingeschlafen dort,
Ihre Locken bedecken ihr Kleid.

Sie hat eine Laute in der Hand,
Als ob sie im Schlafe spricht,

Mir ist, als hätt ich sie sonst gekannt –
Still, geh vorbei und weck sie nicht!

Und wenn es dunkelt das Tal entlang,
Streift sie die Saiten sacht,
Da gibt's einen wunderbaren Klang
Durch den Garten die ganze Nacht.

Der Verirrte

Vor dem Schloß in den Bäumen es rauschend weht,
Unter den Fenstern ein Spielmann geht,
Mit irren Tönen verlockend den Sinn –
Der Spielmann aber ich selber bin.

Vorüber jag ich an manchem Schloß,
Die Locken zerwühlet, verwildert das Roß,
Du frommes Kindlein im stillen Haus,
Schau nicht nach mir zum Fenster hinaus.

Von Lüsten und Reue zerrissen die Brust,
Wie rasend in verzweifelter Lust,
Brech ich im Fluge mir Blumen zum Strauß,
Wird doch kein fröhlicher Kranz nicht daraus!

Wird aus dem Schrei doch nimmer Gesang,
Herz, o mein Herz, bist ein irrer Klang,
Den der Sturm in alle Lüfte verweht –
Lebt wohl, und fragt nicht, wohin es geht!

Das zerbrochene Ringlein

In einem kühlen Grunde
Da geht ein Mühlenrad,
Mein' Liebste ist verschwunden,
Die dort gewohnet hat.

Sie hat mir Treu versprochen,
Gab mir ein'n Ring dabei.
Sie hat die Treu' gebrochen,
Mein Ringlein sprang entzwei.

Ich möcht' als Spielmann reisen
Weit in die Welt hinaus,
Und singen meine Weisen,
Und gehn von Haus zu Haus.

Ich möcht' als Reiter fliegen
Wohl in die blut'ge Schlacht,
Um stille Feuer liegen
Im Feld bei dunkler Nacht.

Hör ich das Mühlrad gehen:
Ich weiß nicht, was ich will –
Ich möcht am liebsten sterben,
Da wär's auf einmal still!

Der Gefangene

In gold'ner Morgenstunde,
Weil alles freudig stand,

Da ritt im heitern Grunde
Ein Ritter über Land.

Rings sangen auf das beste
Die Vöglein mannigfalt,
Es schüttelte die Äste
Vor Lust der grüne Wald.

Den Nacken, stolz gebogen,
Klopft er dem Rösselein –
So ist er hingezogen
Tief in den Wald hinein.

Sein Roß hat er getrieben,
Ihn trieb der frische Mut:
»Ist alles fern geblieben,
So ist mir wohl und gut!«

Mit Freuden mußt' er sehen
Im Wald' ein' grüne Au,
Wo Brünnlein kühle gehen,
Von Blumen rot und blau.

Vom Roß ist er gesprungen,
Legt sich zum kühlen Bach,
Die Wellen lieblich klungen,
Das ganze Herz zog nach.

So grüne war der Rasen,
Es rauschte Bach und Baum,
Sein Roß tät stille grasen
Und alles wie ein Traum.

Die Wolken sah er gehen,
Die schifften immer zu,
Er konnt' nicht widerstehen, –
Die Augen sanken ihm zu.

Nun hört' er Stimmen rinnen,
Als wie der Liebsten Gruß,
Er konnt' sich nicht besinnen –
Bis ihn erweckt ein Kuß.

Wie prächtig glänzt die Aue!
Wie Gold der Quell nun floß,
Und einer süßen Fraue
Lag er im weichen Schoß.

„Herr Ritter! wollt Ihr wohnen
Bei mir im grünen Haus:
Aus allen Blumenkronen
Wind' ich Euch einen Strauß!

Der Wald ringsum wird wachen,
Wie wir beisammen sein,
Der Kuckuck schelmisch lachen,
Und alles fröhlich sein."

Es bog ihr Angesichte
Auf ihn den süßen Leib,
Schaut mit den Augen lichte
Das wunderschöne Weib.

Sie nahm sein'n Helm herunter
Löst' Krause ihm und Bund,

Spielt' mit den Locken munter,
Küßt ihm den roten Mund.

Und spielt' viel' süße Spiele
Wohl in geheimer Lust,
Es flog so kühl und schwüle
Ihm um die offne Brust.

Um ihn nun tät sie schlagen
Die Arme weich und bloß,
Er konnte nichts mehr sagen,
Sie ließ ihn nicht mehr los.

Und diese Au zur Stunde
Ward ein krystallnes Schloß,
Der Bach ein Strom, gewunden
Ringsum, gewaltig floß.

Auf diesem Strome gingen
Viel' Schiffe wohl vorbei,
Es konnt' ihn keines bringen
Aus böser Zauberei.

Der Reitersmann

Hoch über den stillen Höhen
Stand in dem Wald ein Haus,
Dort war's so einsam zu sehen
Weit übern Wald hinaus.

Drin saß ein Mädchen am Rocken
Den ganzen Abend lang,

Der wurden die Augen nicht trocken,
Sie spann und sann und sang:

„Mein Liebster, der war ein Reiter,
Dem schwur ich Treu bis in Tod,
Der zog über Land und weiter,
Zu Krieges Lust und Not.

Und als ein Jahr war vergangen,
Und wieder blühte das Land,
Da stand ich voller Verlangen
Hoch an des Waldes Rand.

Und zwischen den Bergesbogen,
Wohl über den grünen Plan,
Kam mancher Reiter gezogen,
Der meine kam nicht mit an.

Und zwischen den Bergesbogen,
Wohl über den grünen Plan,
Ein Jägersmann kam geflogen,
Der sah mich so mutig an.

So lieblich die Sonne schiene,
Das Waldhorn scholl weit und breit,
Da führt' er mich in das Grüne,
Das war eine schöne Zeit! –

Der hat so lieblich gelogen
Mich aus der Treue heraus,
Der Falsche hat mich betrogen,
Zog weit in die Welt hinaus."

Sie konnte nicht weitersingen,
Vor bitterem Schmerz und Leid,
Die Augen ihr übergingen
In ihrer Einsamkeit.

Die Muhme, die saß beim Feuer
Und wärmte sich am Kamin,
Es flackert' und sprüht' das Feuer
Hell über die Stube es schien.

Sie sprach: „Ein Kränzlein in Haaren,
Das stünde dir heut gar schön,
Willst draußen auf dem See nicht fahren?
Hohe Blumen am Ufer dort stehn."

„Ich kann nicht holen die Blumen,
Im Hemdlein weiß am Teich
Ein Mädchen hütet die Blumen,
Die sieht so totenbleich."

„Und hoch auf des Sees Weite,
Wenn alles finster und still,
Da rudern zwei stille Leute, –
Der eine dich haben will."

„Sie schauen wie alte Bekannte,
Still, ewig stille sie sind.
Doch einmal der eine sich wandte,
Da faßt' mich ein eiskalter Wind. –

Mir ist zu wehe zum Weinen –
Die Uhr so gleichförmig pickt,

Das Rädlein, das schnurrt so in einem,
Mir ist, als wär ich verrückt. –

Ach Gott! wann wird sich doch röten
Die fröhliche Morgenstund!
Ich möchte hinausgehn und beten,
Und beten aus Herzensgrund!

So bleich schon werden die Sterne,
Es rührt sich stärker der Wald,
Schon krähen die Hähne von ferne,
Mich friert, es wird so kalt!

Ach, Muhme! was ist Euch geschehen?
Die Nase wird Euch so lang,
Die Augen sich seltsam verdrehen –
Wie wird mir vor Euch so bang!"

Und wie sie so grauenvoll klagte,
Klopft's draußen ans Fensterlein,
Ein Mann aus der Finsternis ragte,
Schaut' still in die Stube herein.

Die Haare wild umgehangen,
Von blutigen Tropfen naß.
Zwei blutige Streifen sich schlangen,
Wie Kränzlein, ums Antlitz blaß.

Er grüßt' sie so fürchterlich heiter,
Seine Braut wohl heißet er sie,
Da kannt sie mit Schaudern den Reiter,
Fällt nieder auf ihre Knie.

Er zielt' mit dem Rohre durchs Gitter
Auf die schneeweiße Brust hin;
„Ach, wie ist das Sterben so bitter,
Erbarm dich, weil ich so jung noch bin!" –

Stumm blieb sein steinerner Wille,
Es blitzte so rosenrot,
Da wurd es auf einmal stille
Im Walde und Haus und Hof. –

Frühmorgens da lag so schaurig
Verfallen im Walde das Haus,
Ein Waldvöglein sang so traurig,
Flog fort über den See hinaus.

Die verlorene Braut

Vater und Kind gestorben
Ruhten im Grabe tief,
Die Mutter hatt erworben
Seitdem ein ander Lieb.

Da droben auf dem Schlosse
Da schallt das Hochzeitsfest,
Da lacht's und wiehern Rosse,
Durchs Grün ziehn bunte Gäst.

Die Braut schaut' ins Gefilde
Noch einmal vom Altan,
Es sah so ernst und milde
Sie da der Abend an.

Rings waren schon verdunkelt
Die Täler und der Rhein,
In ihrem Brautschmuck funkelt
Nur noch der Abendschein.

Sie hörte Glocken gehen
Im weiten, tiefen Tal,
Es bracht der Lüfte Wehen
Fern übern Wald den Schall.

Sie dacht: „O falscher Abend!
Wen das bedeuten mag?
Wen läuten sie zu Grabe
An meinem Hochzeitstag?"

Sie hört' im Garten rauschen
Die Brunnen immerdar,
Und durch der Wälder Rauschen
Ein Singen wunderbar.

Sie sprach: „Wie wirres Klingen
Kommt durch die Einsamkeit
Das Lied wohl hört ich singen
In alter, schöner Zeit."

Es klang, als wollt sie's rufen
Und grüßen tausendmal –
So stieg sie von den Stufen,
So kühle rauscht' das Tal.

So zwischen Weingehängen,
Stieg sinnend sie ins Land

Hinunter zu den Klängen,
Bis sie im Walde stand.

Dort ging sie, wie in Träumen,
Im weiten, stillen Rund,
Das Lied klang in den Bäumen,
Von Quellen rauscht' der Grund. –

Derweil von Mund zu Munde
Durchs Haus, erst heimlich sacht,
Und lauter geht die Kunde:
Die Braut irrt in der Nacht!

Der Bräut'gam tät erbleichen,
Er hört im Tal das Lied,
Ein dunkelrotes Zeichen
Ihm von der Stirne glüht.

Und Tanz und Jubel enden
Er und die Gäst im Saal,
Windlichter in den Händen,
Sich stürzen in das Tal.

Da schweifen rote Scheine,
Schall nun und Rosseshuf,
Es hallen die Gesteine
Rings von verworrnem Ruf.

Doch einsam irrt die Fraue
Im Walde schön und bleich,
Die Nacht hat tiefes Grauen,
Das ist von Sternen so reich.

Und als sie war gelanget
Zum allerstillsten Grund,
Ein Kind am Felsenhange
Dort freundlich lächelnd stund.

Das trug in seinen Locken
Einen weißen Rosenkranz,
Sie schaut' es an erschrocken
Beim irren Mondesglanz.

„Solch Augen hat das meine,
Ach meines bist du nicht,
Das ruht ja unterm Steine,
Den niemand mehr zerbricht.

Ich weiß nicht, was mir grauset,
Blick nicht so fremd auf mich!
Ich wollt, ich wär zu Hause." –
„Nach Hause führ ich dich."

Sie gehn nun miteinander,
So trübe weht der Wind,
Die Fraue sprach im Wandern:
„Ich weiß nicht, wo wir sind.

Wen tragen sie beim Scheine
Der Fackeln durch die Schluft?
O Gott, der stürzt' vom Steine
Sich tot in dieser Kluft!"

Das Kind sagt: „Den sie tragen,
Dein Bräut'gam heute war,

Er hat meinen Vater erschlagen,
's ist diese Stund ein Jahr.

Wir alle müssen's büßen,
Bald wird es besser sein,
Der Vater läßt dich grüßen,
Mein liebes Mütterlein."

„Ihr schauert's durch die Glieder:
Du bist mein totes Kind!
Wie funkeln die Sterne nieder,
Jetzt weiß ich, wo wir sind." –

Da löst' sie Kranz und Spangen,
Und über ihr Angesicht
Perlen und Tränen rannen,
Man unterschied sie nicht.

Und über die Schultern nieder
Rollten die Locken sacht,
Verdunkelnd Augen und Glieder,
Wie eine prächtige Nacht.

Ums Kind den Arm geschlagen,
Sank sie ins Gras hinein –
Dort hatten sie erschlagen
Den Vater im Gestein.

Die Hochzeitsgäste riefen
Im Walde auf und ab,
Die Gründe alle schliefen,
Nur Echo Antwort gab.

Und als sich leis erhoben
Der erste Morgenduft,
Hörten die Hirten droben
Ein Singen in stiller Luft.

Parole

Sie stand wohl am Fensterbogen
Und flocht sich traurig ihr Haar,
Der Jäger war fortgezogen,
Der Jäger ihr Liebster war.

Und als der Frühling gekommen,
Die Welt war von Blüten verschneit,
Da hat sie ein Herz sich genommen
Und ging in die grüne Heid.

Sie legt das Ohr an den Rasen,
Hört ferner Hufe Klang –
Das sind die Rehe, die grasen
Am schattigen Bergeshang.

Und abends die Wälder rauschen,
Von fern nur fällt noch ein Schuß,
Da steht sie stille, zu lauschen:
„Das war meines Liebsten Gruß!"

Da sprangen vom Fels die Quellen,
Da flogen die Vöglein ins Tal.
„Und wo ihr ihn trefft, ihr Gesellen,
Grüßt mir ihn tausendmal!"

Zauberblick

Die Burg, die liegt verfallen
In schöner Einsamkeit
Dort saß ich vor den Hallen
Bei stiller Mittagszeit.

Es ruhten in der Kühle
Die Rehe auf dem Wall
Und tief in blauer Schwüle
Die sonn'gen Täler all.

Tief unten hört ich Glocken
In weiter Ferne gehn,
Ich aber mußt erschrocken
Zum alten Erker sehn.

Denn in dem Fensterbogen
Ein' schöne Fraue stand,
Als hütete sie droben
Die Wälder und das Land.

Ihr Haar, wie 'n goldner Mantel,
War tief herabgerollt;
Auf einmal sie sich wandte,
Als ob sie sprechen wollt.

Und als ich schauernd lauschte –
Da war ich aufgewacht,
Und unter mir schon rauschte
So wunderbar die Nacht.

Träumt ich im Mondesschimmer?
Ich weiß nicht, was mir graut,
Doch das vergeß ich nimmer,
Wie sie mich angeschaut!

Die stille Gemeinde

Von Bretagnes Hügeln, die das Meer
Blühend hell umsäumen,
Schaute ein Kirchlein trostreich her
Zwischen uralten Bäumen.

Das Kornfeld und die Wälder weit
Rauschten im Sonntagsglanze,
Doch keine Glocken klangen heut
Vom grünen Felsenkranze.

Denn auf des Kirchhofs schattigem Grund
Die Jakobiner saßen,
Ihre Pferde alle Blumen bunt
Von den Grabeshügeln fraßen.

Sie hatten am Kreuz auf stiller Höh
Feldflasch und Säbel hangen,
Derweil sie, statt des Kyrie,
Die Marseillaise sangen.

Ihr Hauptmann aber lehnt' am Baum,
Todmüde von schweren Wunden,
Und schaute wie im Fiebertraum
Nach dem tiefschwülen Grunde.

Er sprach verwirrt: „Da drüben stand
Des Vaters Schloß am Weiher,
Ich selbst steckt's an; das war ein Brand,
Der Freiheit Freudenfeuer!

Ich seh ihn noch: Wie durch den Sturm
Zwischen den feurgen Zungen
Mein stolzer Vater da vom Turm
Sein Banner hat geschwungen.

Und als es war entlaubt vom Brand,
Die Fahn im Wind zerflogen:
Den Schaft als Kreuz nun in der Hand
Teilt' er die Flammenwogen.

Er sah so wunderbar auf mich,
Ich konnt ihn nicht ermorden –
Da sank die Burg, er wandte sich
Und ist ein Pfaff geworden.

Seitdem hör ich in Träumen schwer
Von ferne Glocken gehen
Und seh in rotem Feuermeer
Ein Kreuz allnächtlich stehen.

Es sollen keine Glocken gehn,
Die Nächte zu verstören,
Kein Kreuz soll mehr auf Erden stehn,
Um Narren zu betören!

Und dieses Kirchlein hier bewacht,
Sie sollen nicht Messe singen,

Wir reißen's nieder über Nacht,
Licht sei, wohin wir dringen!" –

Und als die Nacht schritt leis daher,
Der Hauptmann stand am Strande,
So still im Wald, so still das Meer,
Nur die Wachen riefen im Lande.

Im Wind die Glock von selbst anschlug,
Da wollt ein Hauch sich heben,
Wie unsichtbarer Engel Flug,
Die übers Wasser schweben.

Nun sieht er auch im Meere fern
Ein Lichtlein hell entglommen;
Er dacht, wie ist der schöne Stern
Dort in die Flut gekommen?

Am Ufer aber durch die Nacht
In allen Felsenspalten
Regt sich's und schlüpft es leis und sacht,
Viel dunkle, schwanke Gestalten.

Nur manchmal von den Buchten her
Schallt Ruderschlag von weitem,
Auf Barken lautlos in das Meer
Sie nach dem Stern hin gleiten.

Der wächst und breitet sich im Nahn
Und streift mit Glanz die Wellen,
Es ist ein kleiner Fischerkahn,
Den Fackeln mild erhellen.

Und einsam auf des Schiffleins Rand
Ein Greis kommt hergezogen
In wunderbarem Meßgewand
Als wie der Hirt der Wogen.

Die Barken eine weite Rund
Dort um den Hirten machen,
Der laut nun überm Meeresgrund
Den Segen spricht im Nachen.

Da schwieg der Wind und rauscht' das Meer
So wunderbare Weise,
Und auf den Knien lag ringsher
Die stille Gemeinde im Kreise.

Und als er das Kreuz hob in die Luft,
Hoch zwischen die Fackeln trat er –
Den Hauptmann schauert im Herzensgrund,
Es war sein alter Vater.

Da taumelt' er und sank ins Gras
Betend im stillen Grunde,
Und wie Felsenquellen im Frühling brach
Sein Herzblut aus allen Wunden.

Und als die Gesellen kommen zum Strand,
Einen toten Mann sie finden –
Voll Graun sie sprengen fort durchs Land,
Als jagt' sie der Tod in den Winden.

Die stürzten sich in den Krieg so weit,
Sie sind verweht und zerstoben,
Das Kirchlein aber steht noch heut
Unter den Linden droben.

Meeresstille

Ich seh von des Schiffes Rande
Tief in die Flut hinein:
Gebirge und grüne Lande
Und Trümmer im falben Schein
Und zackige Türme im Grunde,
Wie ich's oft im Traum mir gedacht,
Das dämmert alles da unten
Als wie eine prächtige Nacht.

Seekönig auf seiner Warte
Sitzt in der Dämmrung tief,
Als ob er mit langem Barte
Über seiner Harfe schlief;
Da kommen und gehen die Schiffe
Darüber, er merkt es kaum,
Von seinem Korallenriffe
Grüßt er sie wie im Traum.

Der Schatzgräber

Wenn alle Wälder schliefen,
Er an zu graben hub,
Rastlos in Berges Tiefen
Nach einem Schatz er grub.

Die Engel Gottes sangen
Derweil in stiller Nacht,
Wie rote Augen drangen
Metalle aus dem Schacht.

„Und wirst doch mein!" und grimmer
Wühlt er und wühlt hinab,
Da stürzen Steine und Trümmer
Über dem Narren herab.

Hohnlachen wild erschallte
Aus der verfallnen Kluft,
Der Engelgesang verhallte
Wehmütig in der Luft.

Sonst

Es glänzt der Tulpenflor, durchschnitten von Alleen,
Wo zwischen Taxus still die weißen Statuen stehen,
Mit goldnen Kugeln spielt die Wasserkunst im Becken,
Im Laube lauert Sphynx, anmutig zu erschrecken.

Die schöne Chloe heut spazieret in dem Garten,
Zur Seit' ein Kavalier, ihr höflich aufzuwarten,
Und hinter ihnen leis Cupido kommt gezogen,
Bald duckend sich im Grün, bald zielend mit dem Bogen.

Es neigt der Kavalier sich in galantem Kosen,
Mit ihrem Fächer schlägt sie manchmal nach dem Losen,
Es rauscht der taftne Rock, es blitzen seine Schnallen,
Dazwischen hört man oft ein art'ges Lachen schallen.

Jetzt aber hebt vom Schloß, da sich's im West will röten,
Die Spieluhr schmachtend an, ein Menuett zu flöten,
Die Laube ist so still, er wirft sein Tuch zur Erde
Und stürzet auf ein Knie mit zärtlicher Gebärde.

„Wie wird mir, ach, ach, ach, es fängt schon an zu dunkeln,
So angenehmer nur seh' ich zwei Sterne funkeln" –
„Verwegner Kavalier!" – „Ha, Chloe, darf ich hoffen?"
Da schießt Cupido los und hat sie gut getroffen.

Der Kehraus

Es fiedeln die Geigen,
Da tritt in den Reigen
Ein seltsamer Gast,
Kennt keiner den Dürren,
Galant aus dem Schwirren
Die Braut er sich faßt.

Hebt an, sich zu schwenken
In allen Gelenken.
Das Fräulein im Kranz:
"Euch knacken die Beine. –"
"Bald rasseln auch deine,
Frisch auf spiel't zum Tanz!"

Ein Kenner im Ringe
Betrachtet die Sprünge,
Er findet's gemein.
„Dir kann's auch nicht schaden!"
Die vornehmen Waden
Muß er schwingen im Reih'n.
Die Spröde hinter'm Fächer,
Der Zecher vom Becher,
Der Dichter so lind,
Muß auch mit zum Tanze,

Daß die Lorbeern vom Kranze
Fliegen im Wind.

So schnurret der Reigen
Zum Saal 'raus in's Schweigen
Der prächtigen Nacht,
Die Klänge verwehen,
Die Hähne schon krähen,
Da verstieben sie sacht. –

So ging's schon vor Zeiten
Und geht es noch heute,
Und hörest du hell
Aufspielen zum Reigen,
Wer weiß, wem sie geigen –
Hüt' dich, Gesell!

Die Hochzeitsnacht

Nachts durch die stille Runde
Rauschte des Rheines Lauf
Ein Schifflein zog im Grunde,
Ein Ritter stand darauf.

Die Blicke irrend schweifen
Von seines Schiffes Rand.
Ein blutigroter Streifen
Sich um das Haupt ihm wand.

Der sprach: „Da oben stehet
Ein Schlößlein überm Rhein,
Die an dem Fenster stehet:

Das war die Liebste mein.
Sie hat mir Treu versprochen,
Bis ich gekommen sei,
Sie hat die Treu gebrochen
Und alles ist vorbei."

Viel' Hochzeitleute drehen
Da oben laut und bunt,
Sie bleibet einsam stehen
Und schauet in den Grund.

Und wie sie tanzten munter,
Und Schiff und Schiffer schwand,
Stieg sie vom Schloß hinunter,
Bis sie im Garten stand.

Die Spielleut' musizierten,
Sie sann gar mancherlei,
Die Töne sie so rührten,
Als müßt' das Herz entzwei.

Da trat ihr Bräut'gam süße
Zu ihr aus stiller Nacht,
So freundlich er sie grüßte,
Daß ihr das Herze lacht.

Er sprach: „Was willst du weinen,
Weil alle fröhlich sein!
Die Sterne schöne scheinen,
So lustig geht der Rhein.

Das Kränzlein in den Haaren
Steht dir so wunderfein,

Wir wollen etwas fahren
Hinunter auf dem Rhein."

Zum Kahn folgt sie behende,
Setzt sich ganz vorne hin,
Er setzt' sich an das Ende
Und ließ das Schifflein ziehn.

Sie sprach: „Die Töne kommen
Verworren durch den Wind,
Die Fenster sind verglommen,
Wir fahren so geschwind.

Was sind das für so lange
Gebirge weit und breit?
Mir wird auf einmal bange
In dieser Einsamkeit.

Und fremde Leute stehen
Auf mancher Felsenwand,
Und stehen still und sehen
So steinern über'n Rand."

Der Bräut'gam schien so traurig
Und sprach kein einzig Wort,
Schaut' in die Wellen schaurig
Und rudert' immerfort.

Sie sprach: „Schon seh ich Streifen
So rot im Morgen stehn,
Und Stimmen hör' ich schweifen,
Vom Ufer Hähne krähn.

Du siehst so still und wilde,
So bleich wird dein Gesicht,
Mir graut vor deinem Bilde –
Du bist mein Bräut'gam nicht."

Da stund er auf – das Sausen
Hielt still in Flut und Wald,
Es rührt mit Lust und Grausen
Das Herz ihr die Gestalt.

Und wie mit steinern'n Armen
Hob er sie auf voll Lust,
Drückt ihren schönen, warmen
Leib an die eis'ge Brust. –

Licht wurden Wald und Höhen,
Der Morgen schien blutrot,
Das Schifflein sah man gehen,
Die schöne Braut drin tot.

Der Hochzeitstanz

Wie so zierlich in dem Saale
Führt die Braut den Hochzeitsreihn,
Wie so mutig schaut Graf Martin
In die freud'gen Klänge drein!

Und sie im Vorüberschweifen
Flüstert: „Graf, was sinnet Ihr?
Sagt mir, schaut Ihr nach dem Tanze,
Oder blicket Ihr nach mir?"

„Hab schon manchen Tanz gesehen,
Und das war's nicht, was ich sann,
Eure Schönheit mich verblendet,
Eure Augen tun mir's an."

„Wenn so schöne meine Augen,
Führt mich hier vom Tanze heim,
Alt und grau schon ist mein Bräut'gam
Und er holt uns nimmer ein."

Maria Magdalena

Duftig blühte Abendröte,
Aus dem präch'gen Meeres–Schlosse
Trat die schöne Magdalena
Prangend für auf dem Balkone,
Aus der dunklen Nacht des Haares
Edelsteine zauberisch lockend,
Um der Glieder blühend Schwellen
Buhlend blaue, laue Wogen,
Trunkne Blicke, wie aus langen
Schönen Träumen erst gehoben,
Durstig blühend in die Ferne;
Und die Ströme tönend zogen,
Und die Nachtigallen schlugen,
Berge, Auen, Wälder, Bronnen,
Von so überholden, reichen
Sternes Strahlen angesogen,
Tiefe Sehnsucht auszusagen,
Sendend Blicke still nach oben,
Standen, Eine glüh'nde Blume

Zart aus Duft und Klang gewoben,
Wie in Träumen ganz versunken,
Aufgericht't im Abendgolde.

Da sprach Sie in holden Tönen
In die Düfte vom Balkone:
Süße Lüste! Süße Lüste!
Kommt ihr wieder angeschwommen
Von dem still erblühten Meere,
Wenn Duft, Sang nicht lassen wollen,
Hold zu irren in den Gängen,
Durch die fall'nden Blütenflocken
Oder an des Stromes Ufer
Einzuschlummern süßverworren
Bei den Nachtigallenliedern
Unter den verträumten Rosen,
Süße, holde, blüh'nde Knaben,
An den Busen fest gezogen,
Süß verführet, zu verführen,
Alles Leben, glüh'nde Wonne
Flüsternd, schmachtend, liebermattet,
Zu versenken in den vollen
Sanfterschloss'nen, Duftberauschten
Busen tief der Zauber–Rose! –
Und doch wieder, wie so eigen
Kommt so wunderbares, großes
Bangen über Flüsse, Palmen
Oft mir an das Herz geflogen,
Daß ich plötzlich in der Freude
Einsam steh' und tiefbeklommen.
Und ach! niemand, wie ich bange,
Deutet mir, von wannen kommen
Solche Süße, solches Wehe,

Solche tiefbewegend' Worte,
Und ich muß in Tränen sagen,
Wenn schon goldne Nacht begonnen:
Ach! viel andre hohe Wunder
Ruhn' wohl in der Brust verborgen.

Der Seemann

Früh am Sankt Johannistag
Fiel ein Seemann in das Wasser.
–Was erhalt ich, Schifferlein,
Wenn ich rette dich zum Strande? –
Geb dir alle meine Schiffe
Samt der Gold– und Silberladung.
–Nicht nach allen deinen Schiffen,
Deinem Gold und Silber frag ich,
Deine Seele wenn du stirbst,
Will ich nur zum Lohne haben. –
Meine Seel empfange Gott,
Und den Leib das salzge Wasser!

Durandartes Tod

O Belerma, o Belerma,
Du geboren mir zum Unheil!
Sieben Jahr dient ich dir treulich,
Hab mir doch kein Lieb errungen,
Und jetzt, da du mich erhörtest,
Muß ich in der Schlacht verbluten.
Nicht die Todesstimmen fürcht ich,
Wenn sie auch so früh mich rufen,

Darum nur ist Tod so bitter,
Weil er mir dein Bild verdunkelt.
O mein Vetter Montesinos,
Wenn sich meine Seel entschwungen,
Bringt mein Herze zu Belerma,
Wollt ihr meinetwegen huld'gen,
Bitten, daß sie mein gedenke,
Der so treu um sie gerungen.
Gebt ihr alle meine Länder,
Die ich freudig einst bezwungen;
Da mein Lieb nun untergehet,
Sei all Gut mit ihr versunken! –
Montesinos, Montesinos,
Heiß brennt diese Lanzenwunde,
Müde schon ist meine Rechte,
Aus viel Quellen hier verblut ich,
's wird so kühl nun – ach die Augen,
Die uns ausziehen sahn so mutig,
Sehn uns nimmermehr in Frankreich. –
Drückt noch einmal an die Brust mich,
Vetter, denn ich sprech verworren
Und vor meinen Augen dunkelt's,
Euch befehl ich all mein Sorgen
Und vertraue Eurem Schwure,
Denn der Herr, an den Ihr glaubet,
Höret uns in dieser Stunde.
Tot nun ruhet Durandarte
In dem stillen Felsengrunde,
Weinend löst ihm Montesinos
Helm und seiner Rüstung Gurte,
Löst sein Herze für Belerma
Mit dem Dolche aus der Brust ihm
Und begrub ihn unterm Felsen,
Sprach dabei aus Herzensgrunde:

195

„O mein Vetter Durandarte,
Tapfrer Degen, Herzensbruder,
Was soll ich fortan auf Erden,
Da die Mohren dich erschlugen"

Jugendandacht

1.

Was wollen mir vertraun die blauen Weiten,
Des Landes Glanz, die Wirrung süßer Lieder,
Mir ist so wohl, so bang! Seid ihr es wieder
Der frommen Kindheit stille Blumenzeiten?

Wohl weiß ichs – dieser Farben heimlich Spreiten
Deckt einer Jungfrau strahlend reine Glieder;
Es wogt der große Schleier auf und nieder,
Sie schlummert drunten fort seit Ewigkeiten.

Mir ist in solchen linden, blauen Tagen,
Als müßten alle Farben auferstehen,
Aus blauer Fern sie endlich zu mir gehen.

So wart ich still, schau in den Frühling milde,
Das ganze Herz weint nach dem süßen Bilde,
Vor Freud, vor Schmerz? – Ich weiß es nicht zu sagen.
2.

Wann Lenzesstrahlen golden niederrinnen,
Sieht man die Scharen losgebunden ziehen,
Im Waldrevier, dem neu der Schmuck geliehen,
Die lust'ge Jagd nach Lieb und Scherz beginnen.

Den Sänger will der Frühling gar umspinnen,
Er, der Geliebteste, darf nicht entfliehen,
Fühlt rings ein Lied durch alle Farben ziehen,
Das ihn so lockend nimmer läßt von hinnen.
Gefangen so, sitzt er viel sel'ge Jahre;

Des Einsamen spottet des Pöbels Scherzen,
Der aller Glorie möchte Lieb entkleiden.
Doch er grüßt fröhlich alle, wie sie fahren,
Und mutig sagt er zu den süßen Schmerzen:
„Gern sterb ich bald, wollt ihr von mir je scheiden!"

3.

Wann frisch die buntgewirkten Schleier wallen,
Weit in das Land die Lerchen mich verführen,
Da kann ich's tief im Herzen wieder spüren,
Wie mich die Eine liebt und ruft vor allen.

Wenn Nachtigalln aus grünen Hallen schallen,
Wen möchten nicht die tiefen Töne rühren;
Wen nicht das süße Herzeleid verführen,
Im Liebesschlagen tot vom Baum zu fallen? –

So sag auch ich bei jedem Frühlingsglanze:
Du süße Laute! laß uns beide sterben,
Beklagt vom Widerhallen zarter Töne,
Kann unser Lied auch nie den Lohn erwerben,
Daß hier mit eignem, frischem Blumenkranze
Uns endlich kröne nun die Wunderschöne! –

4.

Der Schäfer spricht, wenn er frühmorgens weidet:
„Dort drüben wohnt sie hinter Berg' und Flüssen!"
Doch seine Wunden deckt sie gern mit Küssen,
Wann lauschend Licht am stillen Abend scheidet.
Ob neu der Morgenschmuck die Erde kleidet,
Ob Nachtigallen Nacht und Stern' begrüßen,
Stets fern und nah bleibt meine Lieb der Süßen,
Die in dem Lenz mich ewig sucht und meidet. -

Doch hör ich wunderbare Stimmen sprechen:
„Die Perlen, die du treu geweint im Schmerze,
Sie wird sie sorglich all zusammenbinden,
Mit eigner Kette so dich süß umwinden,
Hinaufziehn dich an Mund und blühend Herze -
Was Himmel schloß, mag nicht der Himmel brechen."

5.

Wenn du am Felsenhange standst alleine,
Unten im Walde Vögel seltsam sangen
Und Hörner aus der Ferne irrend klangen,
Als ob die Heimat drüben nach dir weine,

Wars niemals da, als rief die Eine, Deine?
Lockt' dich kein Weh, kein brünstiges Verlangen
Nach andrer Zeit, die lange schon vergangen,
Auf ewig einzugehn in grüne Scheine?

Gebirge dunkelblau steigt aus der Ferne,
Und von den Gipfeln führt des Bundes Bogen
Als Brücke weit in unbekannte Lande.

Geheimnisvoll gehn oben goldne Sterne,
Unten erbraust viel Land in dunklen Wogen –
Was zögerst du am unbekannten Rande?

6.
Durchs Leben schleichen feindlich fremde Stunden,
Wo Ängsten aus der Brust hinunterlauschen,
Verworrne Worte mit dem Abgrund tauschen,
Drin bodenlose Nacht nur ward erfunden.

Wohl ist des Dichters Seele stumm verbunden
Mit Mächten, die am Volk vorüberrauschen;
Sehnsucht muß wachsen an der Tiefe Rauschen
Nach hellerm Licht und nach des Himmels Kunden.

O Herr! du kennst allein den treuen Willen,
Befrei ihn von der Kerkerluft des Bösen,
Laß nicht die eigne Brust mich feig zerschlagen!

Und wie ich schreibe hier, den Schmerz zu stillen,
Fühl ich den Engel schon die Riegel lösen,
Und kann vor Glanze nicht mehr weiter klagen

Jugendsehnen

Du blauer Strom, an dessen duftgem Strande
Ich Licht und Lenz zum erstenmale schaute,
In frommer Sehnsucht mir mein Schifflein baute,
Wann Segel unten kamen und verschwanden.

Von fernen Bergen überm weiten Lande
Brachtst du mir Gruß und fremde hohe Laute,

Daß ich den Frühlingslüften mich vertraute,
Vom Ufer lösend hoffnungsreich die Bande.

Noch wußt ich nicht, wohin und was ich meine,
Doch Morgenrot sah ich unendlich quellen,
Das Herz voll Freiheit, Kraft der Treue, Tugend;

Als ob des Lebens Glanz für mich nur scheine,
Fühlt ich zu fernem Ziel die Segel schwellen,
All Wimpel rauschten da in ewger Jugend!

Entschluß

Noch schien der Lenz nicht gekommen,
Es lag noch so stumm die Welt,
Da hab' den Stab ich genommen,
Zu pilgern ins weite Feld.

Und will auch kein' Lerch' sich schwingen,
Du breite die Flügel, mein Herz,
Lass hell und fröhlich uns singen
Zum Himmel aus allem Schmerz!
Da schauen im Tale erschrocken
Die Wandrer rings in die Luft,
Mein Liebchen schüttelt die Locken,
Sie weiß es wohl, wer sie ruft.
Und wie sie noch steh'n und lauschen,
Da blitzt es schon fern und nah,
All' Wälder und Quellen rauschen,
Und Frühling ist wieder da!

Schlimme Wahl

Noch schien der Lenz nicht gekommen,
Es lag noch so stumm die Welt,
Da hab' den Stab ich genommen,
Zu pilgern ins weite Feld.

Und will auch kein' Lerch' sich schwingen,
Du breite die Flügel, mein Herz,
Lass hell und fröhlich uns singen
Zum Himmel aus allem Schmerz!

Da schauen im Tale erschrocken
Die Wandrer rings in die Luft,
Mein Liebchen schüttelt die Locken,
Sie weiß es wohl, wer sie ruft.

Und wie sie noch steh'n und lauschen,
Da blitzt es schon fern und nah,
All' Wälder und Quellen rauschen,
Und Frühling ist wieder da!

Sonette

1.

So viele Quellen von den Bergen rauschen,
Die brechen zornig aus der Felsenhalle,
Die andern plaudern in melod'schem Falle
Mit Nymphen, die im Grün vertraulich lauschen.

Doch wie sie irrend auch die Bahn vertauschen,
Sie treffen endlich doch zusammen alle,

Ein Strom, mit brüderlicher Wogen Schwalle
Erfrischend durch das schöne Land zu rauschen.

An Burgen, die vom Felsen einsam grollen,
Aus Waldesdunkel, zwischen Rebenhügeln
Vorübergleitend in die duft'ge Ferne,

Entwandelt er zum Meer, dem wundervollen,
Wo träumend sich die sel'gen Inseln spiegeln
Und auf den Fluten ruhn die ew'gen Sterne.

2.

So eitel künstlich haben sie verwoben
Die Kunst, die selber sie nicht gläubig achten,
Daß sie die Sünd in diese Unschuld brachten:
Wer unterscheidet, was noch stammt von oben?

Doch wer mag würdig jene Reinen loben,
Die in der Zeit hochmüt'gem Trieb und Trachten
Die heil'ge Flamme treu in sich bewachten,
Aus ihr die alte Schönheit neu erhoben!

O Herr! gib Demut denen, die da irren,
Daß, wenn ihr' Künste all zuschanden werden,
Sie töricht nicht den Gott in sich verfluchen!

Begeisterung, was falsch ist, zu entwirren,
Und Freudigkeit, wo's öde wird auf Erden,
Verleihe denen, die dich redlich suchen!

3.

Ein Wunderland ist oben aufgeschlagen,
Wo goldne Ströme gehn und dunkel schallen,

Gesänge durch das Rauschen tief verhallen,
Die möchten gern ein hohes Wort dir sagen.

Viel goldne Brücken sind dort kühn geschlagen,
Darüber alte Brüder sinnend wallen –
Wenn Töne wie im Frühlingsregen fallen,
Befreite Sehnsucht will dorthin dich tragen.

Wie bald läg unten alles Bange, Trübe,
Du strebtest lauschend, blicktest nicht mehr nieder,
Und höher winkte stets der Brüder Liebe:

Wen einmal so berührt die heil'gen Lieder,
Sein Leben taucht in die Musik der Sterne,
Ein ewig Ziehn in wunderbare Ferne!

4.

Wer einmal tief und durstig hat getrunken,
Den zieht zu sich hinab die Wunderquelle,
Daß er melodisch mitzieht, selbst als Welle,
Auf der die Welt sich bricht in tausend Funken.

Es wächst sehnsüchtig, stürzt und leuchtet trunken
Jauchzend im Innersten die heil'ge Quelle,
Bald Bahn sich brechend durch die Kluft zur Helle,
Bald kühle rauschend dann in Nacht versunken.

So laß es ungeduldig brausen, drängen!
Hoch schwebt der Dichter drauf in goldnem Nachen,
Sich selber heilig opfernd in Gesängen.

Die alten Felsen spalten sich mit Krachen,
Von drüben grüßen schon verwandte Lieder,
Zum ew'gen Meere führt er alle wieder.

5.

Nicht Träume sind's und leere Wahngesichte,
Was von dem Volk den Dichter unterscheidet.
Was er inbrünstig bildet, liebt und leidet,
Es ist des Lebens wahrhafte Geschichte.

Er fragt nicht viel, wie ihn die Menge richte,
Der eignen Ehr nur in der Brust vereidet;
Denn wo begeistert er die Blicke weidet,
Grüßt ihn der Weltkreis mit verwandtem Lichte.

Die schöne Mutter, die ihn hat geboren,
Den Himmel liebt er, der ihn auserkoren,
Läßt beide Haupt und Brust sich heiter schmücken.

Die Menge selbst, die herbraust, ihn zu fragen
Nach seinem Recht, muß den Beglückten tragen,
Als Element ihm bietend ihren Rücken.

6.

Ihm ist's verliehn, aus den verworrnen Tagen,
Die um die andern sich wie Kerker dichten,
Zum blauen Himmel sich emporzurichten,
In Freudigkeit: Hie bin ich, Herr! zu sagen.

Das Leben hat zum Ritter ihn geschlagen,
Er soll der Schönheit neid'sche Kerker lichten;

Daß nicht sich alle götterlos vernichten,
Soll er die Götter zu beschwören wagen.

Tritt erst die Lieb auf seine blüh'nden Hügel,
Fühlt er die reichen Kränze in den Haaren,
Mit Morgenrot muß sich die Erde schmücken;

Süßschauernd dehnt der Geist die großen Flügel,
Es glänzt das Meer – die mut'gen Schiffe fahren,
Da ist nichts mehr, was ihm nicht sollte glücken!

An L...

Mit vielem will die Heimat mich erfreuen,
Ein heitres Schloß an blaugewundnem Flusse,
Gesellge Luft, Mutwill und frohe Muße,
Der Liebe heitres Spiel, süß zu zerstreuen.

Doch wie die Tage freundlich sich erneuern,
Fehlt doch des Freundes Brust in Tat und Muße.
Der Ernst, der herrlich schwelget im Genusse,
Des reichen Blicks sich wahr und recht zu freuen!

Wo zwei sich treulich nehmen und ergänzen,
Wächst unvermerkt das freudge Werk der Mußen.
Drum laß mich wieder, Freund, ans Herz dich drücken!

Uns beide will noch schön das Leben schmücken
Mit feinen reichen, heitern, vollen Kränzen,
der Morgenwind wühlt um den offnen Busen!

Echte Liebe

Lau in der Liebe mag ich nimmer sein, –
Kalt oder brennend wie ein lohes Feuer!
Oh, Lust und Leiden sind nur farblos, klein,
Wo Liebe nicht ergriffen hat das Steuer!

Wer noch bei Sinnen, ist kein rechter Freier;
Wirf von dir ohne Zagen all was dein,
Der stirbt vor Liebe nicht, ein Halbgetreuer,
Wer von der Liebe mehr verlangt als Pein.

Gleichwie ein Schiff, wenn sich die Wetter schwärzen,
An jähen Klippen treibt bei finstrer Nacht,
Auf weitem Meer der Wind und Wogen Spiel,

So auf dem wüsten Meere meiner Schmerzen
Such ich, auf neue Leiden nur bedacht,
Im Hoffnungslosen meines Glückes Ziel.

Der Wegelagerer

Es ist ein Land, wo die Philister thronen,
Die Krämer fahren und das Grün verstauben,
Die Liebe selber altklug feilscht mit Hauben –
Herr Gott, wie lang willst du die Brut verschonen!

Es ist ein Wald, der rauscht mit grünen Kronen,
Wo frei die Adler horsten, und die Tauben
Unschuldig girren in den grünen Lauben,
Die noch kein Fuß betrat – dort will ich wohnen!

Dort will ich nächtlich auf die Krämer lauern
Und kühn zerhaun der armen Schönheit Bande,
Die sie als niedre Magd zu Markte führen.

Hoch soll sie stehn auf grünen Felsenmauern,
Daß mahnend über alle stillen Lande
Die Lüfte nachts ihr Zauberlied verführen.

An A

Wir sind so tief betrübt, wenn wir auch scherzen,
Die armen Menschen mühn sich ab und reisen,
Die Welt zieht ernst und streng in ihren Gleisen,
Ein feuchter Wind verlöscht die lust'gen Kerzen.

Du hast so schöne Worte tief im Herzen,
Du weißt so wunderbare, alte Weisen,
Und wie die Stern am Firmamente kreisen,
Ziehn durch die Brust dir ewig Lust und Schmerzen.

So laß dein' Stimme hell im Wald erscheinen!
Das Waldhorn fromm wird auf und nieder wehen,
Die Wasser gehn und einsam Rehe weiden.

Wir wollen stille sitzen und nicht weinen,
Wir wollen in den Rhein hinuntersehen,
Und, wird es finster, nicht von sammen scheiden.

Glückliche Fahrt

Wünsche sich mit Wünschen schlagen,
Und die Gier wird nie gestillt.
Wer ist in dem wüsten Jagen
Da der Jäger, wer das Wild?
Selig, wer es fromm mag wagen,
Durch das Treiben dumpf und wild
In der festen Brust zu tragen
Heil'ger Schönheit hohes Bild!

Sieh, da brechen tausend Quellen
Durch die felsenharte Welt,
Und zum Strome wird ihr Schwellen,
Der melodisch steigt und fällt.
Ringsum sich die Fernen hellen,
Gottes Hauch die Segel schwellt –
Rettend spülen sich die Wellen
In des Herzens stille Welt.

Frau Venus

Was weckst du, Frühling, mich von neuem wieder?
Daß all die alten Wünsche auferstehen,
Geht übers Land ein wunderbares Wehen;
Das schauert mir so lieblich durch die Glieder.

Die schöne Mutter grüßen tausend Lieder,
Die, wieder jung, im Brautkranz süß zu sehen;
Der Wald will sprechen, rauschend Ströme gehen,
Najaden tauchen singend auf und nieder.

Die Rose seh ich gehn aus grüner Klause
Und, wie so buhlerisch die Lüfte fächeln,
Errötend in die laue Flut sich dehnen.

So mich auch ruft ihr aus dem stillen Hause –
Und schmerzlich nun muß ich im Frühling lächeln,
Versinkend zwischen Duft und Klang vor Sehnen.

Abschied und Wiedersehen

1.

In süßen Spielen unter nun gegangen
Sind Liebchens Augen, und sie atmet linde,
Stillauschend sitz ich bei dem holden Kinde,
Die Locken streichelnd ihr von Stirn und Wangen.

Ach! Lust und Mond und Sterne sind vergangen,
Am Fenster mahnen schon die Morgenwinde:
Daß ich vom Nacken leis die Arme winde,
Die noch im Schlummer lieblich mich umfangen.

O öffne nicht der Augen süße Strahle!
Nur einen Kuß noch – und zum letzten Male
Geh ich von dir durchs stille Schloß hernieder.

Streng greift der eis'ge Morgen an die Glieder,
Wie ist die Welt so klar und kalt und helle –
Tiefschauernd tret ich von der lieben Schwelle.

2.

Ein zart Geheimnis webt in stillen Räumen,
Die Erde löst die diamantnen Schleifen,
Und nach des Himmels süßen Strahlen greifen
Die Blumen, die der Mutter Kleid besäumen.

Da rauscht's lebendig draußen in den Bäumen,
Aus Osten langen purpurrote Streifen,
Hoch Lerchenlieder durch das Zwielicht schweifen –
Du hebst das blühnde Köpfchen hold aus Träumen.

Was sind's für Klänge, die ans Fenster flogen?
So altbekannt verlocken diese Lieder,
Ein Sänger steht im schwanken Dämmerschein.

Wach auf! Dein Liebster ist fernher gezogen,
Und Frühling ist's auf Tal und Bergen wieder
Wach auf, wach auf, nun bist du ewig mein!

1.

Ein alt Gemach voll sinn'ger Seltsamkeiten,
Still' Blumen aufgestellt am Fensterbogen,
Gebirg' und Länder draußen blau gezogen,
Wo Ströme gehn und Ritter ferne reiten.

Ein Mädchen, schlicht und fromm wie jene Zeiten,
Das, von den Abendscheinen angeflogen,
Versenkt in solcher Stille tiefe Wogen –
Das mocht auf Bildern oft das Herz mir weiten.

Und nun wollt wirklich sich das Bild bewegen,
Das Mädchen atmet' auf, reicht aus dem Schweigen
Die Hand mir, daß sie ewig meine bliebe.

Da sah ich draußen auch das Land sich regen,
Die Wälder rauschen und Aurora steigen –
Die alten Zeiten all weckt mir die Liebe.

2.

Wenn zwei geschieden sind von Herz und Munde,
Da ziehn Gedanken über Berg' und Schlüfte
Wie Tauben säuselnd durch die blauen Lüfte,
Und tragen hin und wider süße Kunde.

Ich schweif umsonst, so weit der Erde Runde,
Und stieg ich hoch auch über alle Klüfte,
Dein Haus ist höher noch als diese Lüfte,
Da reicht kein Laut hin, noch zurück zum Grunde.

Ja, seit du tot – mit seinen blühnden Borden
Wich ringsumher das Leben mir zurücke,
Ein weites Meer, wo keine Bahn zu finden.

Doch ist dein Bild zum Sterne mir geworden,
Der nach der Heimat weist mit stillem Blicke,
Daß fromm der Schiffer streite mit den Winden.

Mahnung

Genug gemeistert nun die Weltgeschichte!
Die Sterne, die durch alle Zeiten tagen,
Ihr wolltet sie mit frecher Hand zerschlagen
Und jeder leuchten mit dem eignen Lichte.

Doch unaufhaltsam rucken die Gewichte,
Von selbst die Glocken von den Türmen schlagen,
Der alte Zeiger, ohne euch zu fragen,
Weist flammend auf die Stunde der Gerichte,

O stille Schauer, wunderbares Schweigen,
Wenn heimlich flüsternd sich die Wälder neigen,
Die Täler alle geisterbleich versanken,

Und in Gewittern von den Bergesspitzen
Der Herr die Weltgeschichte schreibt mit Blitzen –
Denn seine sind nicht euere Gedanken.

Sommerschwüle

Die Nachtigall schweigt, sie hat ihr Nest gefunden,
Träg ziehn die Quellen, die so kühle sprangen,
Von trüber Schwüle liegt die Welt umfangen,
So hat den Lenz der Sommer überwunden.

Noch nie hat es die Brust so tief empfunden,
Es ist, als ob viel Stimmen heimlich sangen:
»Auch dein Lenz, froher Sänger, ist vergangen,
An Weib und Kind ist nun der Sinn gebunden!«

O komm, Geliebte, komm zu mir zurücke!
Kann ich nur deine hellen Augen schauen,
Fröhlich Gestirn in dem verworrnen Treiben:

Wölbt hoch sich wieder des Gesanges Brücke,
Und kühn darf ich der alten Lust vertrauen,
Denn ew'ger Frühling will bei Liebe bleiben.

Morgendämmerung

Es ist ein still Erwarten in den Bäumen,
Die Nachtigallen in den Büschen schlagen
In irren Klagen, können's doch nicht sagen,
Die Schmerzen all und Wonne, halb in Träumen.

Die Lerche auch will nicht die Zeit versäumen,
Da solches Schallen bringt die Luft getragen,
Schwingt sich vom Tal, eh's noch beginnt zu tagen,
Im ersten Strahl die Flügel sich zu säumen.

 Ich aber stand schon lange in dem Garten
Und bin ins stille Feld hinausgegangen,
Wo leis die Ähren an zu wogen fingen.

O fromme Vöglein, ihr und ich, wir warten
Aufs frohe Licht, da ist uns vor Verlangen
Bei stiller Nacht erwacht so sehnend Singen.

Mahnung

1.

In Wind verfliegen sah ich, was wir klagen,
Erbärmlich Volk um falscher Götzen Thronen,
Wen'ger Gedanken, deutschen Landes Kronen,
Wie Felsen, aus dem Jammer einsam ragen.

Da mocht ich länger nicht nach euch mehr fragen,
Der Wald empfing, wie rauschend! den Entflohnen,
In Burgen alt, an Stromeskühle wohnen
Wollt ich auf Bergen bei den alten Sagen.

Da hört ich Strom und Wald dort so mich tadeln:
"Was willst, Lebend'ger du, hier überm Leben,
Einsam verwildernd in den eignen Tönen?

Es soll im Kampf der rechte Schmerz sich adeln,
Den deutschen Ruhm aus der Verwüstung heben,
Das will der alte Gott von seinen Söhnen!"

2.

Wohl mancher, dem die wirbligen Geschichten
Der Zeit das ehrlich deutsche Herz zerschlagen,
Mag, wie Prinz Hamlet, zu sich selber sagen:
Weh! daß zur Welt ich kam, sie einzurichten!

Weich, aufgelegt zu Lust und fröhlichem Dichten,
Möcht er so gern sich mit der Welt vertragen,
Doch, Rache fordernd, aus den leichten Tagen
Sieht er der Väter Geist sich stets aufrichten.

Ruhlos und tödlich ist die falsche Gabe:
Des Großen Wink im tiefsten Marke spüren,
Gedanken rastlos – ohne Kraft zum Werke.

Entschließ dich, wie du kannst nun, doch das merke:
Wer in der Not nichts mag, als Lauten rühren,
Des Hand dereinst wächst mahnend aus dem Grabe.

An Fouqué

1.

Seh' ich des Tages wirrendes Beginnen,
Die bunten Bilder fliehn und sich vereinen
Möcht' ich das schöne Schattenspiel beweinen,
Denn eitel ist, was jeder will gewinnen.

Doch wenn die Straßen leer, einsam die Zinnen
Im Morgenglanze wie Kometen scheinen,
Ein stiller Geist steht auf den dunklen Steinen,
Als wollt er sich auf alte Zeit besinnen:

Da nimmt die Seele rüstig sich zusammen,
An Gott gedenkend und an alles Hohe,
Was rings gedeihet auf der Erden Runde.

Und aus dem Herzen lang verhaltne Flammen,
Sie brechen fröhlich in des Morgens Lohe,
Da grüß' ich, Sänger, dich aus Herzensgrunde!

2.

Von Seen und Wäldern eine nächt'ge Runde
Sah ich, und Drachen ziehn mit glühnden Schweifen,
In Eicheswipfeln einen Horst von Greifen,
Das Nordlicht schräge leuchtend überm Grunde.

Durch Qualm dann klingend brach die Morgenstunde,
Da schweiften Ritter blank durch Nebelstreifen,
Durch Winde scharf, die auf der Heide pfeifen,
Ein Harfner sang, lobt' Gott aus Herzensgrunde.

Tiefatmend stand ich über diesen Klüften,
Des Lebens Mark rührt' schauernd an das meine,
Wie ein geharn'schter Riese da erhoben.

Kein ird'scher Laut mehr reichte durch die Lüfte,
Mir war's, als stände ich mit Gott alleine,
So einsam, weit und sternhell war's da oben.

3.

In Stein gehaun, zwei Löwen stehen draußen,
Bewachen ewig stumm die heil'ge Pforte.
Wer sich, die Brust voll Weltlust, naht dem Orte,
Den füllt ihr steinern Blicken bald mit Grausen.

Dir wächst dein Herz noch bei der Wälder Sausen,
Dich rühren noch die wilden Riesenworte,
Nur Gott vertraund, dem höchsten Schirm und Horte –
So magst du bei den alten Wundern hausen.

Ob auch die andern deines Lieds nicht achten,
Der Heldenlust und zarten Liebesblüte,
Gedanken treulos wechselnd mit der Mode:

So felsenfester sei dein großes Trachten,
Hau klingend Luft dir, ritterlich Gemüte!
Wir wollen bei dir bleiben bis zum Tode.

Warnung

Aus ist dein Urlaub und die Laut zerschlagen,
Nachts aus der stillen Stadt nun mußt du gehen,
Die Wetterfahnen nur im Wind sich drehen,
Dein Tritt verhallt, mag niemand nach dir fragen.

Doch draußen waldwärts, wo du herstammst, ragen
Die Zinnen noch der goldnen Burg, es gehen
Die Wachen schildernd auf dem Wall, das Wehen
Der Nacht bringt ihren Ruf ins Land getragen.

Der Engel dort mit seinem Flammendegen
Steht blankgerüstet noch, das Tor zu hüten,
Und wird dich mit den ernsten Blicken messen,

Die manches Herze schon zu Asche glühten.
Hast du Parol und Feldgeschrei vergessen:
Weh! wo nun willst dein müdes Haupt hinlegen?

Die heilige Mutter

Es ist ein Meer, von Schiffen irr durchflogen,
Die steuern rastlos nach den falschen Landen,
Die alle suchen und wo alle stranden
Auf schwanker Flut, die jeden noch betrogen.

Es ist im wüsten Meer ein Felsenbogen,
An dem die sturmgepeitschten Wellen branden
Und aller Zorn der Tiefe wird zuschanden,
Die nach dem Himmel zielt mit trüben Wogen.

Und auf dem Fels die mildeste der Frauen
Zählt ihre Kinder und der Schiffe Trümmer,
Still betend, daß sich rings die Stürme legen.

Das sind die treuen Augen, himmelblauen –
Mein Schiff versenk ich hinter mir auf immer,
Hier bin ich, Mutter, gib mir deinen Segen!

Mahnung

Was blieb dir nun nach allen Müh' und Plagen?
So viel der Ehre dir die Welt gespendet,
Es treibt vom stolzen Ziele, kaum geendet,
Nach neuem Ziel dich neues Unbehagen.

Hättst du zu Ihm, von dem die Himmel sagen,
Den kleinsten Teil der Liebe nur gewendet,
Die du an eitel Hoffart hast verschwendet,
Du würdest jetzt nicht rettungslos verzagen.

Wohl liebt die Welt, den Günstling zu erheben,
Doch wenn du glaubst, im Siegesschmuck zu prangen,
Sinds Ketten nur, die rasselnd dich umhangen.

Laß, eh's zu spät, von dem verlornen Leben;
Gott wartet deiner noch, in seinen Armen,
Da findest du, was die Welt nicht kennt, Erbarmen.

Abschied

Laß, Leben, nicht so wild die Locken wehen!
Es will so rascher Ritt mir nicht mehr glücken,
Hoch überm Land von diamantnen Brücken:
Mir schwindelt, in den Glanz hinabzusehen.

„Vom Rosse spielend meine Blicke gehen
Nach Jüngern Augen, die mein Herz berücken,
Horch, wie der Frühling aufjauchzt vor Entzücken,
Kannst du nicht mit hinab, laß ich dich stehen."

Kaum noch herzinnig mein, wendst du dich wieder,
Ist das der Lohn für deine treusten Söhne?
Dein trunkner Blick, fast möcht er mich erschrecken.

„Wer sagt' dir, daß ich treu, weil ich so schöne?
Leb wohl, und streckst du müde einst die Glieder,
Will ich mit Blumen dir den Rasen decken."

An –

Was lebte, rollt' zum Himmel aus dem Tale,
Des Ritters Mut, Gesanges feur'ge Zungen,
Und aus den Felsen Münster kühn geschwungen,
Das Kreuz erhebend hoch im Morgenstrahle.

Versunken sind die alten Wundermale,
Nur eine Waldkapelle unbezwungen,
Blieb einsam stehen über Niederungen,
Die läutet fort und fort hinab zum Tale.

Was frägt die Menge, ob's der Wind verwehe –
Nur ein'ge trifft der Laut, die stehn erschrocken,
Und mahnend lockt's wie Heimweh sie zur Höhe.

Ein heitrer Greis zieht oben still die Glocken,
Reicht fest die Hand und führt aus der Verheerung.
Durchs alte Tor die Treuen zur Verklärung.

Der verspätete Wanderer

Wo aber werd ich sein im künftgen Lenze?
So frug ich sonst wohl, wenn beim Hüteschwingen
Ins Tal wir ließen unser Lied erklingen,
Denn jeder Wipfel bot mir frische Kränze.

Ich wußte nur, daß rings der Frühling glänze,
Daß nach dem Meer die Ströme leuchtend gingen,
Vom fernen Wunderland die Vögel singen,
Da hatt das Morgenrot noch keine Grenze.

Jetzt aber wirds schon Abend, alle Lieben
Sind wandermüde längst zurückgeblieben,
Die Nachtluft rauscht durch meine welken Kränze,

Und heimwärts rufen mich die Abendglocken,
Und in der Einsamkeit frag ich erschrocken:
Wo werde ich wohl sein im künftgen Lenze?

Das Alter

Hoch mit den Wolken geht der Vögel Reise,
Die Erde schläfert, kaum noch Astern prangen,
Verstummt die Lieder, die so fröhlich klangen.
Und trüber Winter deckt die weiten Kreise.

Die Wanduhr pickt, im Zimmer singet leise
Waldvöglein noch, so du im Herbst gefangen.
Ein Bilderbuch scheint Alles, was vergangen,
Du blätterst d'rin, geschützt vor Sturm und Eise.

So mild ist oft das Alter mir erschienen:
Wart' nur, bald taut es von den Dächern nieder.
Und über Nacht Hat sich die Luft gewendet.

Ans Fenster klopft ein Bot' mit frohen Mienen,
Du trittst erstaunt heraus – und kehrst nicht wieder,
Denn endlich kommt der Lenz, der nimmer endet.

www.ingramcontent.com/pod-product-compliance
Lightning Source LLC
Chambersburg PA
CBHW020743020526
44115CB00030B/875